Impressum
Verlag: BABADADA GmbH, Nedderfeld 112 , 22529 Hamburg
Geschäftsführer / Verlagsleitung: Harald Hof
Druck: Books on Demand GmbH, In de Tarpen 42, 22848 Norderstedt

Imprint
Publisher: BABADADA GmbH, Nedderfeld 112 , 22529 Hamburg, Germany
Managing Director / Publishing direction: Harald Hof
Print: Books on Demand GmbH, In de Tarpen 42, 22848 Norderstedt

ikigo c' amashure

shule

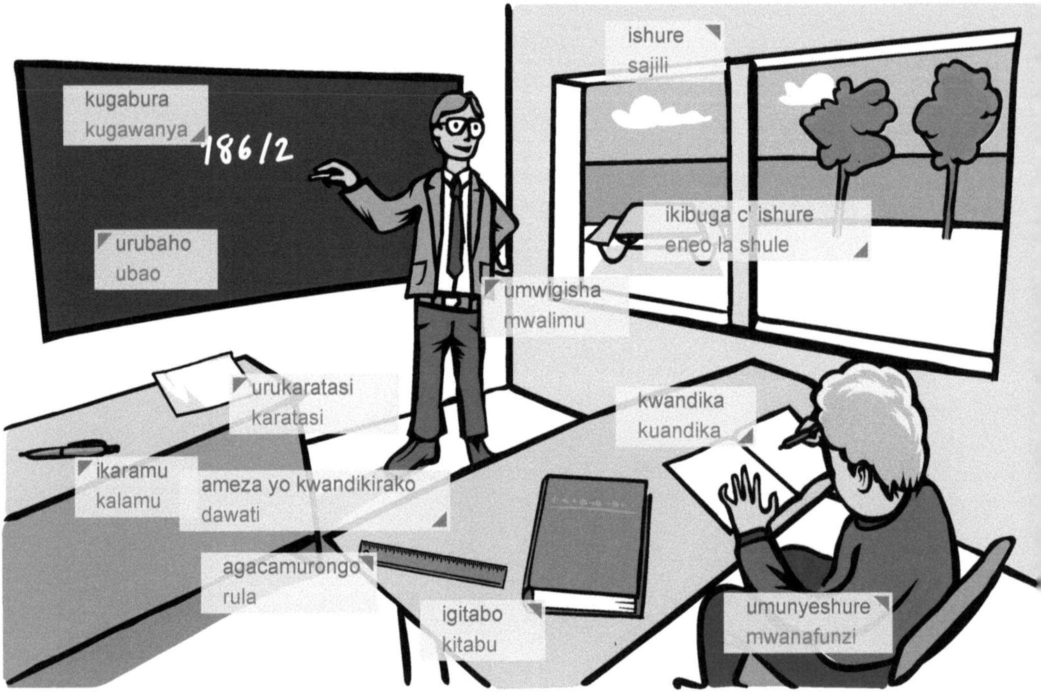

ishure
sajili
kugabura
kugawanya
186/2
urubaho
ubao
ikibuga c' ishure
eneo la shule
umwigisha
mwalimu
urukaratasi
karatasi
kwandika
kuandika
ikaramu
kalamu
ameza yo kwandikirako
dawati
agacamurongo
rula
igitabo
kitabu
umunyeshure
mwanafunzi

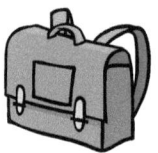

isakoshi y'' ishure

mkoba

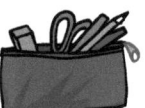

agasaho k' amakaramu

kikasha cha penseli

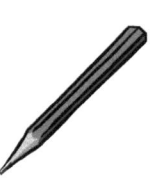

ikaramu y igiti

penseli

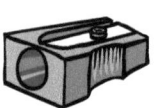

agasongozo k ikaramu y igiti

kichonga penseli

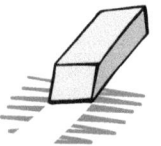

igome

mpira

ikaye yo gucapamwo

pedi ya kuchora

igicapo
uchoraji

ikaramu bacapisha irangi
brashi ya rangi

agasandugu kamabara
sanduku la rangi

imikasi
mkasi

kore
gundi

ikaye y' imyimenyerezo
daftari

imyimenyerezo yo muhira
kazi ya nyumbani

igiharuro
nambari ·

guteranya
jumlisha

gukuramwo
ondoa

kugwiza
zidisha

guharura
kokotoa

urudome
barua

indome
alfabeti

ijambo
neno

igisomwa

maandishi

gusoma

kusoma

ingwa

chaki

icigwa

somo

igitabo c' ishure

sajili

ikibazo

uchunguzi

impamyabushobozi

cheti

impuzu y' ishure

sare za shule

kwiga

elimu

kazinduzi

elezo

kaminuza

chuo kikuu

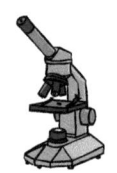

mikorosikopi

darubini

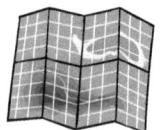

ikarata

ramani

agaseke bajugunyamo
amakaratasi

kikapu cha kuweka karatasi
chafu

urugendo
usafiri

ihoteli
hoteli
ihoteli ntoya
hosteli
ku bavunjayi
ofisi ya ubadilishanaji
isandugu
sanduku
umuduga
gari

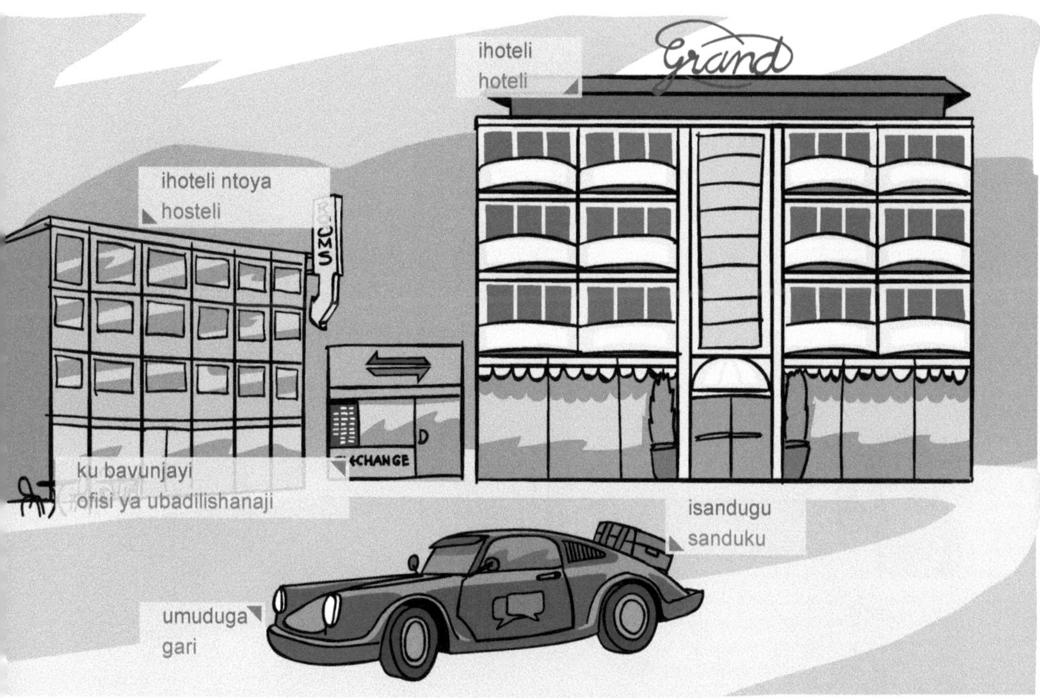

ururimi

lugha

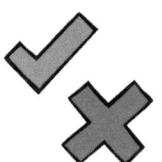

ego / oya

ndiyo / la

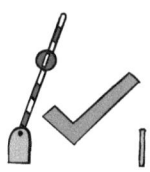

ego

sawa

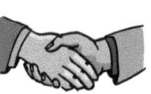

amahoro!

hujambo

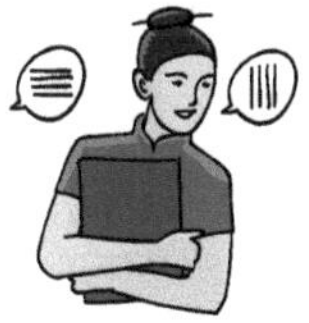

umuntu asigura

mtafsiri

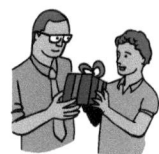

ndashimye

Asante

ni angahe?

kiasi gani ni ...?

sindabitahura

Sielewi

ingorane

tatizo

mwiriwe!

Jioni njema!

mwaramutse

Habari za asubuhi!

ijoro ryiza!

Usiku mwema!

nakagaruka

kwa heri

inzira

mwelekeo

imizigo

mizigo

igapo

mfuko

isaho baheka mu mugongo

shanta

umushitsi

mgeni

icumba

chumba

umufuko wo kuraramo mu rugendo

begi la kulalia

ihema

hema

kumenyesha ingenzi

taarifa ya utalii

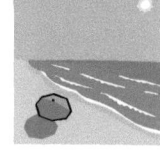

ku musenyi

ufuo

ikarata y' amahera

kadi

ifunguro rya mugatondo

kifunguakinywa

ifunguro ryo ku murango

chakula cha mchana

ifunguro ry 'ijoro

chakula cha jioni

itike

tiketi

ingazi y' umuyagankuba

kuinua

umukono

muhuri

umupaka

mpaka

duwane

mila

ubuserukizi bw' igihugu

ubalozi

viza

visa

pasiporo

pasipoti

gutwara abantu n' ibintu

usafiri

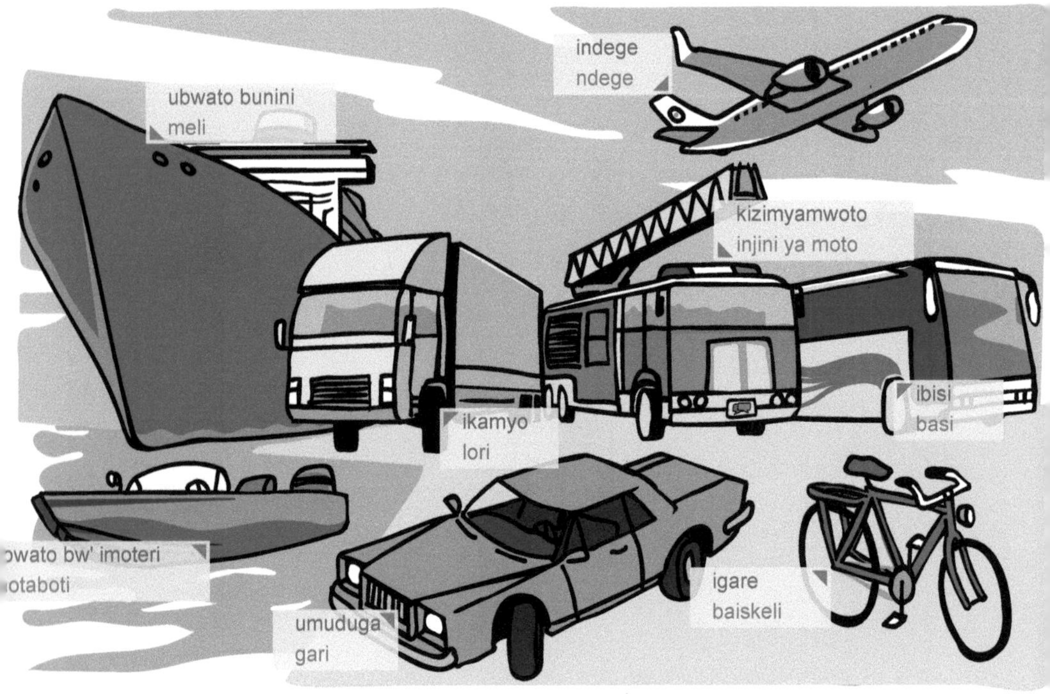
indege
ndege
ubwato bunini
meli
kizimyamwoto
injini ya moto
ibisi
basi
ikamyo
lori
wato bw' imoteri
otaboti
igare
baiskeli
umuduga
gari

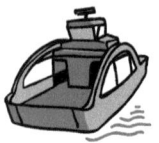

ubwato bunini

feri

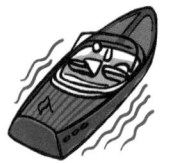

ubwato

mashua

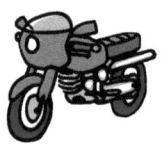

ipikipiki

pikipiki

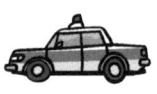

umuduga w' igipolisi

gari la polisi

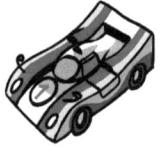

umuduga wa kuruse

gari la mashindano

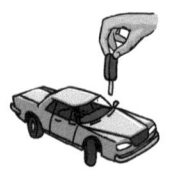

umuduga bakodesha

gari la kukodisha

gukoresha imodoka imwe
muri benshi

kushiriki gari

uruduga ruheka izindi

lori la kuvuta

umuduga utwara umucafu

ukusanyaji taka

imoteri

motor

igitoro

mafuta

ubunywero bw'ibitoro

kituo cha mafuta

ibirango vyo ku mabarabara

ishara trafiki

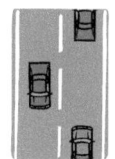

uruja n' uruza

trafiki

akajagari k' imiduga mw'
ibarabara

msongamano

igituro c' imiduga

maegesho

igituro ca gari ya moshi

kituo cha treni

ibarabara rya gari ya moshi

reli

gari ya moshi

garimoshi

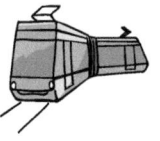

gari ya moshi bita tram

tremu

igipande ca gari ya moshi

gari la mizigo

kajugujugu

helikopta

ikibuga c' indege

uwanja wa ndege

umunara

mnara

ingenzi

abiria

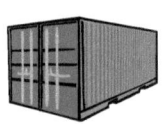

konteneri

chombo

ikarato

katoni

isharete

mkokoteni

icibo

kikapu

kuguruka / kugwa

ondoka

igisagara

jiji

umutumba

kijiji

hagati mu gisagara

katikati ya jiji

inzu

nyumba

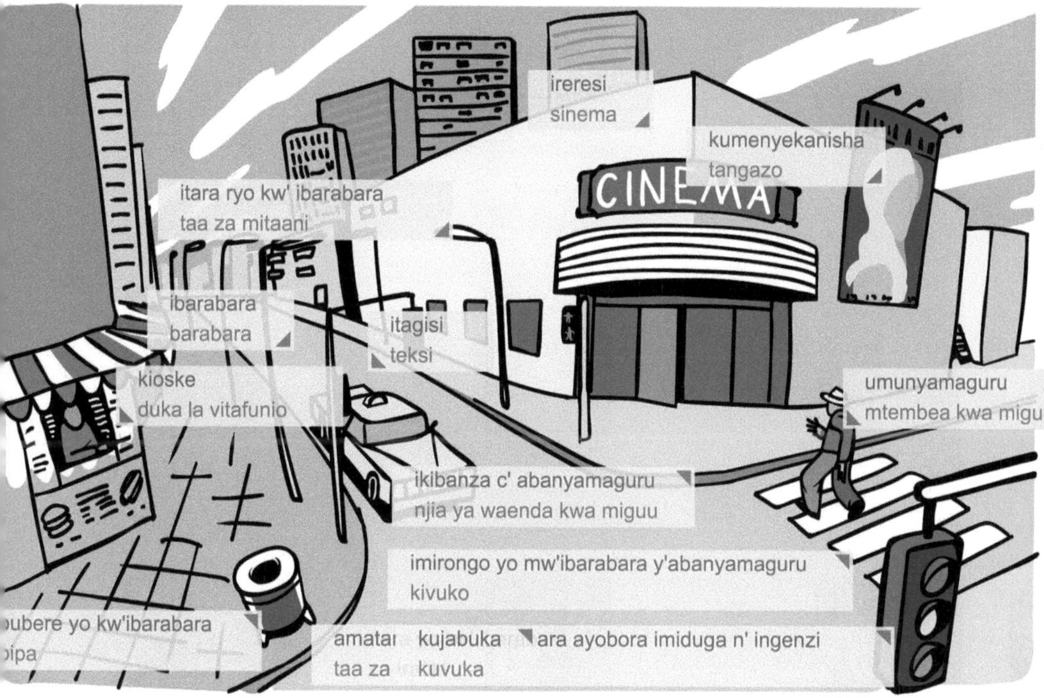
ireresi
sinema
CINEMA
kumenyekanisha
tangazo
itara ryo kw' ibarabara
taa za mitaani
ibarabara
barabara
itagisi
teksi
kioske
duka la vitafunio
umunyamaguru
mtembea kwa migu
ikibanza c' abanyamaguru
njia ya waenda kwa miguu
imirongo yo mw'ibarabara y'abanyamaguru
kivuko
ubere yo kw'ibarabara
ipa
amata
taa za
kujabuka
kuvuka
ara ayobora imiduga n' ingenzi

akazu k' ikirundi

kibanda

aparitema

gorofa

igituro ca gari ya moshi

kituo cha treni

meri

ukumbi wa mji

MUSEUM

iratiro ry' ivyakera

Makavazi

ikigo c' amashure

shule

kaminuza

chuo kikuu

ibanki

benki

ibitaro

hospitali

ihoteli

hoteli

farumasi

duka la dawa

ibiro

ofisi

aho badandaza ibitabo

duka la kitabu

akaduka

duka

umudandaza w'amashugwe

duka la maua

supermarshe

dukakuu

isoko

soko

iduka

idara ya kuhifadhi

umudandaza w' amafi

mwuza samaki

ihuriro ry'amaduka

kituo cha ununuzi

ikivuko

bandari

ikibanza batemberamwo

Hifadhi

intebe ndende

benki

ikiraro

daraja

ingazi

vidato

gari ya moshi bita métro

chini ya ardhi

ibarara ry' indani y' isi

handaki

igituro c' amabisi

kituo cha mabasi

ubunywero

bar

resitora

mgahawa

ahaja amakete

sanduku la posta

ikirango co kw' ibarabara

ishara ya barabara

isaha yo ku gituro c' imiduga

mita ya maegesho

iratiro ry' ibikoko

bustani ya wanyama

pisine

kidimbwi cha kuogelea

umusigiti

msikiti

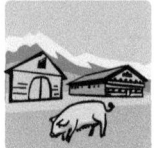

ubwororero

shamba

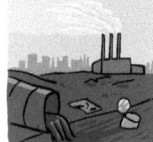

konona ibidukikije

uchafuzi

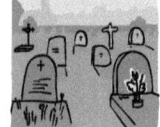

akaburi

makaburini

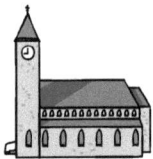

kw'isengero

kanisa

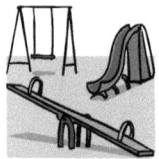

ikibuga

uwanja wa michezo

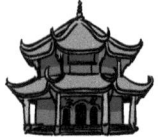

inyubako za kera bita temple

hekalu

imisozi

mazingira

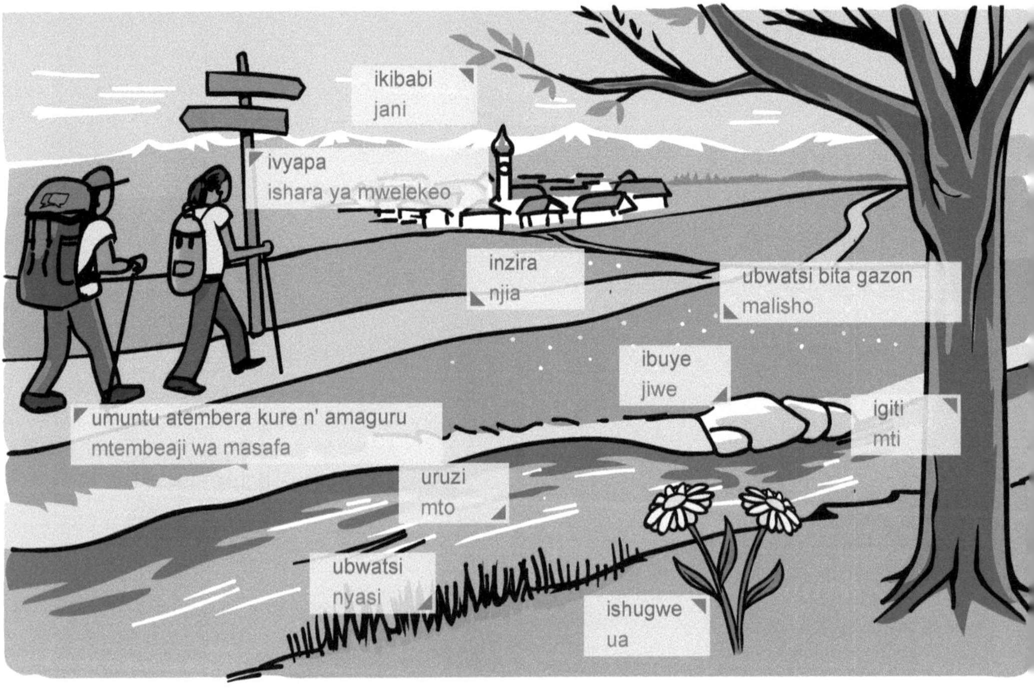

ikibabi
jani
ivyapa
ishara ya mwelekeo
inzira
njia
ubwatsi bita gazon
malisho
ibuye
jiwe
umuntu atembera kure n' amaguru
mtembeaji wa masafa
igiti
mti
uruzi
mto
ubwatsi
nyasi
ishugwe
ua

ikiyaya

bonde

umusozi

kilima

ikiyaga

ziwa

ishamba

msitu

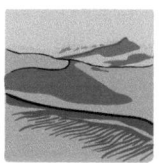

ubugaragwa

jangwa

ikirunga

volkano

ishato

ngome

umunywamazi

upinde wa mvua

ikizinu

uyoga

ikigazi

mtende

umubu

mbu

isazi

kuruka

urutozi

chungu

uruyuki

nyuki

igitangurigwa

buibui

agakoko gato bita
coléoptère

mende

igikere

chura

agakoko bita écureuil

kuchakuro

ikinyogote

nungunungu

urukwavu

sungura

igihuna

bundi

inyoni

ndege

imbata

swan

ingurube y' ishamba

nguruwe mwitu

idubu

kulungu

igikoko bita élan

aina ya kongoni

urugomero

bwawa

icuma gitanga
umuyagankuba

tabo ya upepo

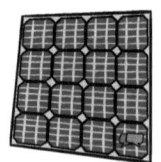

ikimuri c' imishwarara

nishaji ya jua

igihe

hali ya hewa

resitora

mgahawa

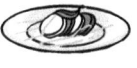

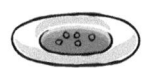

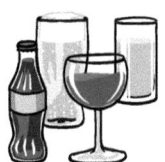

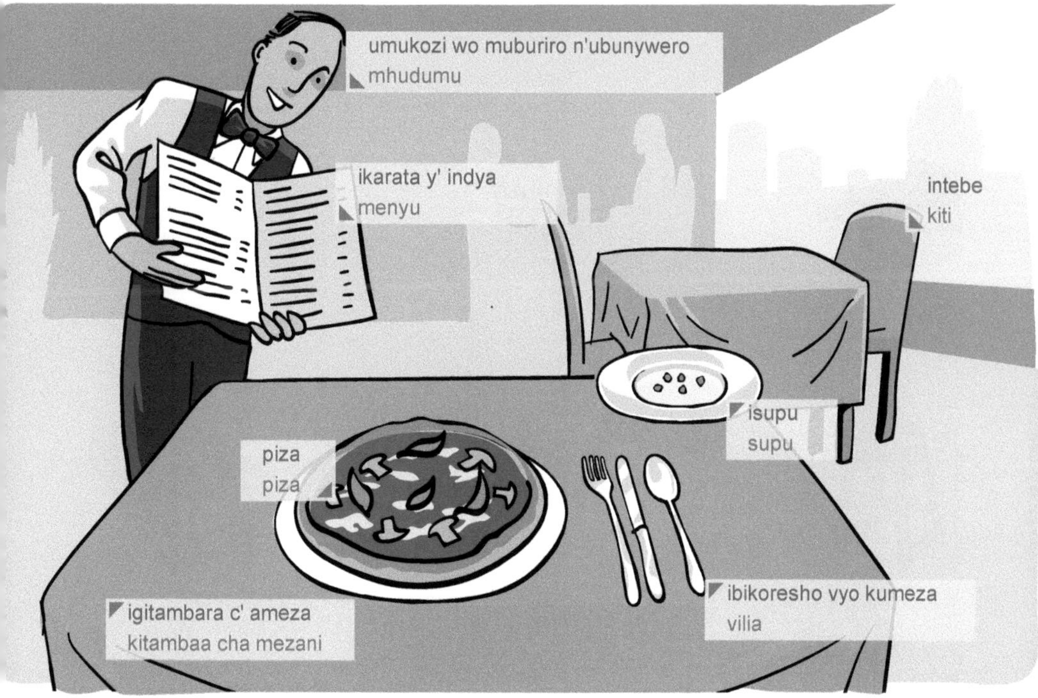

umukozi wo muburiro n'ubunywero
mhudumu
ikarata y' indya
menyu
intebe
kiti
isupu
supu
piza
piza
igitambara c' ameza
kitambaa cha mezani
ibikoresho vyo kumeza
vilia

indya y' ibanze

kiamsha hamu

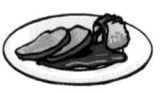

indya nkuru

kozi kuu

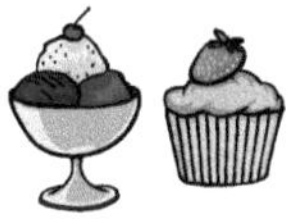

deseri

kitindamlo

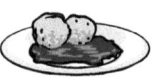

inyobwa

vinywaji

infungugwa

chakula

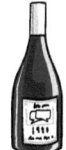

icupa

chupa

infungugwa batekanye
ingoga

chakula cha haraka

Infungugwa barya bagenda

Streetfood

ibirika y' icayi

buli

agakopo k' isukari

kisanduku cha sukari

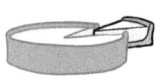

igipande c' indya

sehemu

imachini ikora espresso

mashine ya espresso

intebe ndende

kiti kirefu

inyemazabuguzi

muswada

ako batwarako infungugwa

trei

imbugita yo kumeza

kisu

ikanya

uma

ikiyiko

kijiko

akayiko k' icayi

kijiko cha chai

seriviyeti

nepi

ikirahuri

glasi

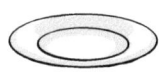

isahani

sahani

isahani y' isupu

sahani ya supu

isutasi

sufuria

isosi

mchuzi

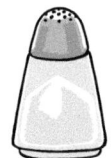

akanyanyagiza umunyu ku ndya

kichanyaji chumvi

agasya ipiripiri

kinu cha pilipili

vinaigre

siki

amavuta

mafuta

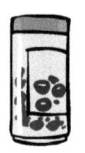

indyoshandya

viungo

kecapu

kechapu

mutaride

haradali

mayoneze

kachumbari nzito

supermarshe

dukakuu

ivyagabanyijwe igiciro
ofa maalum
umuguzi
mteja
FOR
ibiva ku mata
maziwa
icamwa
matunda
agakinga ko mw' iduka
toroli

BUTCHERS

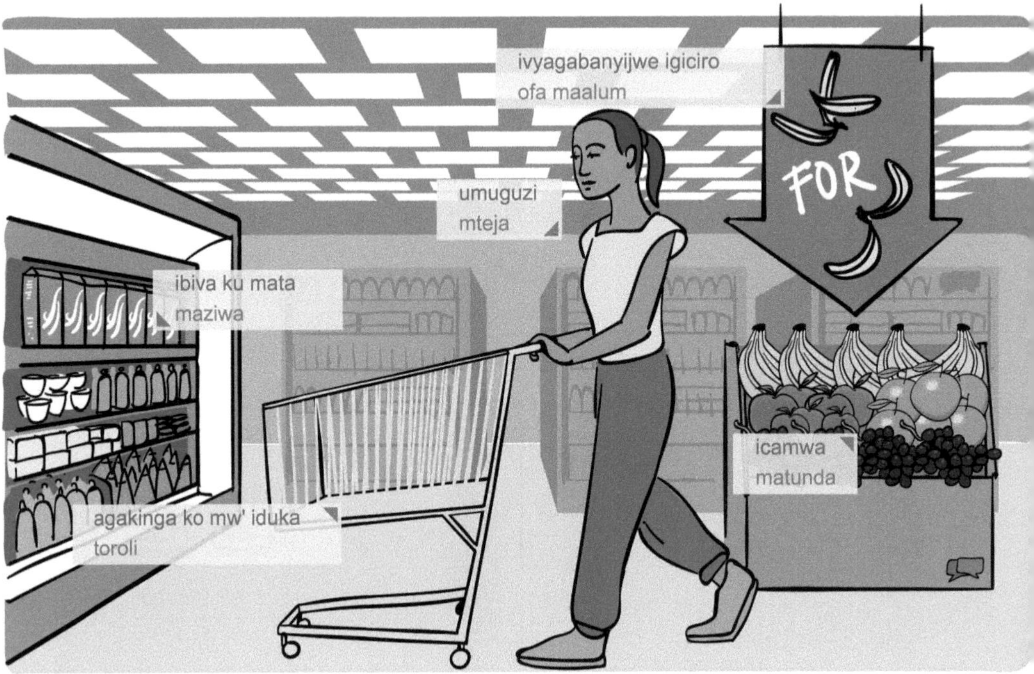

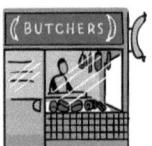

amacuniro

mchinjaji

BAKERY

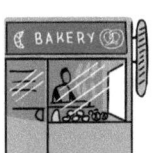

iburangeri

mwokaji

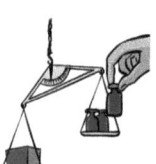

gupima

uzito

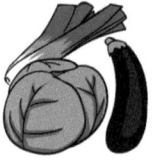

imboga

mboga

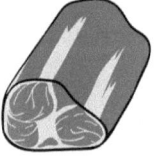

inyama

nyama

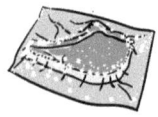

Imfungurwa zikanye cane

chakula waliohifadhiwa

infungugwa bita charcuterie
en tranches

vipande vya nyama baridi

amafunguro yo mu
mabwate

chakula cha kopo

isabune yo kumesura

sabuni ya unga

ibisosa

pipi

ibikoresho vyo muhira

bidhaa za kaya

ibikoresho vy'isuku

bidhaa za kusafisha

umudandaza

mtu mauzo

kese

mpaka

umuntu yakira amahera

keshia

urutonde rw' ibidandazwa

orodha ya manunuzi

amasaha yo kugurura

masaa ya ufunguzi

ingodomoni

mkoba

ikarata y' amahera

kadi

isakoshe

mfuko

ishakoshe ya parastike

mfuko wa plastiki

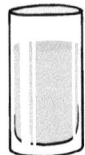

amazi

maji

umutobe

sharubati

amata

maziwa

koka

coke

umuvinyo

mvinyo

ikiyeri

bia

inzoga

pombe

kakao

kakao

icayi

chai

ikawa

kahawa

ikawa yitwa espresso

spreso

ikawa yitwa kapucino

kapuchino

umuhwi

ndizi

ipome

tufaha

umucungwe

machungwa

icamwa bita melon

tikiti

indimu

lemon

ikaroti

karoti

igitungurusumu

kitunguu saumu

umugano

mianzi

igitunguru

kitunguu

ikizinu

uyoga

ibiyoba

karanga

amakaroni

nudo

spagetti

spageti

umuceri

mpunga

isarade

saladi

ifiriti

vibanzi

ifiriti

viazi vya kukaanga

piza

piza

hamburugere

hambaga

sandwich

sandwichi

infungugwa bita escalope

kipande

jambo

paja la mnyama

salami

salami

isosiso

soseji

inyama y' inkoko

kuku

umusoso

choma

ifi

samaki

infungugwa bita flocons d' avoine

oats ya uji

imfungugwa bita müsli

muesli

infungugwa bita corn - flakes

cornflakes

ifarini

unga

umukate bita croissant

kroisanti

umukate muto

andazi

umukate

mkate

umukate bashusha

mkate wa kubanika

ibisuguti

biskuti

amavuta

siagi

iforomaji yera

maziwa mgando

igato

keki

irigi

yai

amafunguro bita oeuf au plat

yai kukaanga

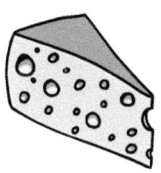

iformaji

jibini

infungugwa bita crème
glacée
....
aiskrimu

isukari
....
sukari

ubuki
....
asali

ikonfitire
....
jemu

imfungugwa bita praliné
....
kuenea kwa chokoleti

infungugwa bita curry
....
mchuzi wa viungo

ubwororero
shamba

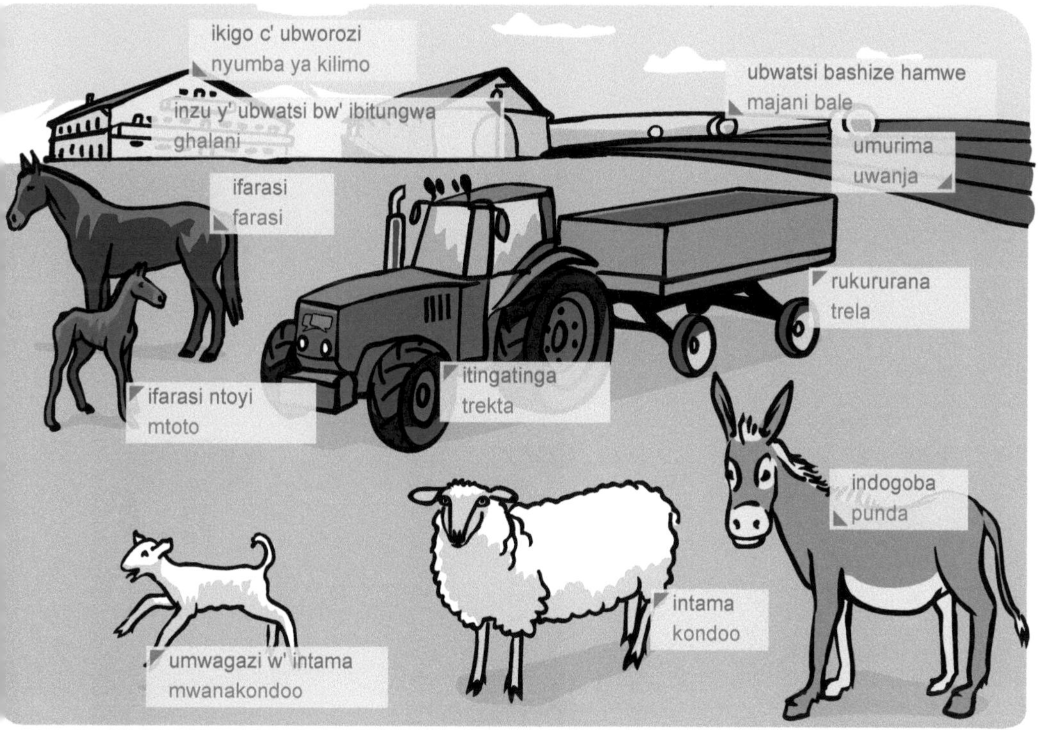

ikigo c' ubworozi
nyumba ya kilimo
inzu y' ubwatsi bw' ibitungwa
ghalani
ubwatsi bashize hamwe
majani bale
umurima
uwanja
ifarasi
farasi
rukururana
trela
itingatinga
trekta
ifarasi ntoyi
mtoto
indogoba
punda
intama
kondoo
umwagazi w' intama
mwanakondoo

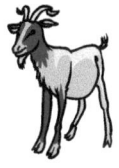

impene

mbuzi

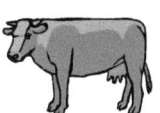

inka

ng'ombe

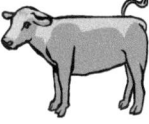

inyana

ndama

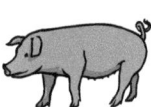

ingurube

nguruwe

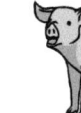

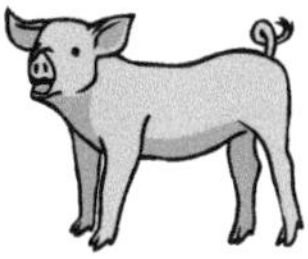

ikibuguru

mwananguruwe

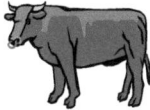

impfizi

fahali

inyoni yitwa oie

batabukini

imbata

bata

umuswi

kifaranga

inkokokazi

kuku

isake

jogoo

imbeba nini

panya

akayabu

paka

imbeba

panya

ishuri

ng'ombe

imbwa

mbwa

umusaka w'imbwa

nyumba ya mbwa

umuringoti wo kuvomerera
umurima

bomba la bustani

ico bakoresha basukira
amashurwe

debe la kumwagilia maji

urukero

fyekeo

majagu

kulima

umuhoro
mundu

isuka
jembe

ikinyanyagiza ibitabizo irya n'ino
uma wa nyasi

ishoka
shoka

inkorofani
toroli

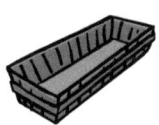

ubwato
kupitia nyimbo

icansi
chombo cha maziwa

umufuko
gunia

urugo
ua

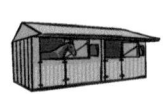

indaro y' ibitungwa
imara

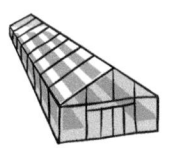

utuzu bashusha kugirango ibimera birimwo bikure
chafu

isi
udongo

imbuto
mbegu

ifumbire
mbolea

imashini yimbura
kivunaji

kwimbura

mavuno

umwimbu

mavuno

infungugwa bita igname

viazi vikuu

ingano

ngano

isoya

soya

ikiraya

viazi

ikigori

mahindi

ubwoko bw' ingano bita colza

rapa

igiti c' ivyamwa

mti wa matunda

imyumbati

muhogo

ibinyantete

nafaka

inzu

nyumba

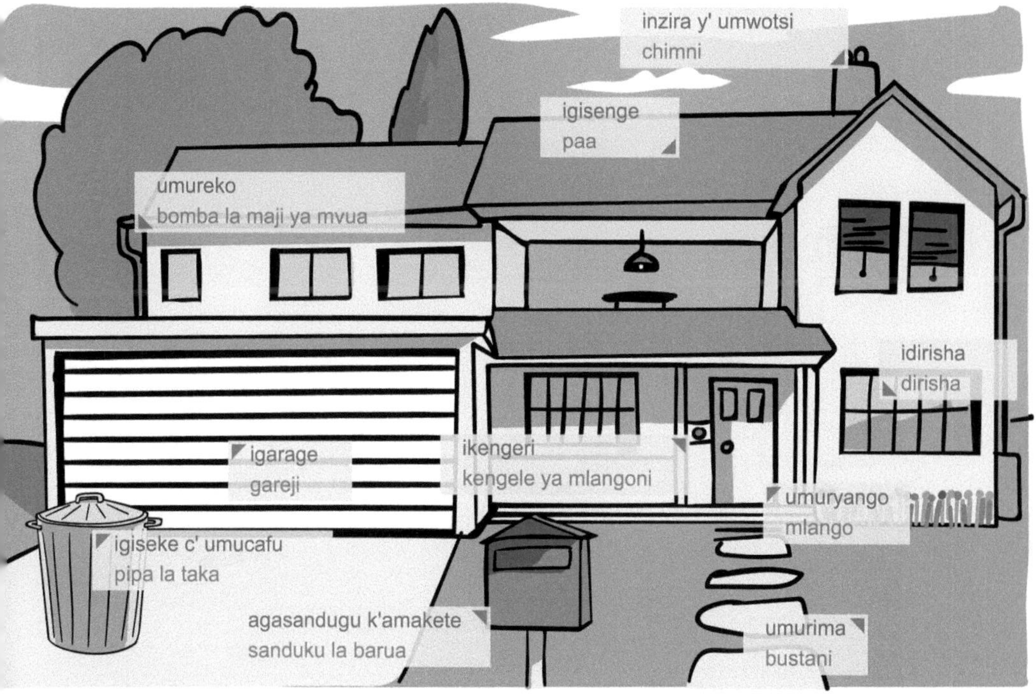
inzira y' umwotsi
chimni
igisenge
paa
umureko
bomba la maji ya mvua
idirisha
dirisha
igarage
gareji
ikengeri
kengele ya mlangoni
umuryango
mlango
igiseke c' umucafu
pipa la taka
agasandugu k'amakete
sanduku la barua
umurima
bustani

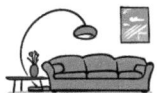

isaro
sebuleni

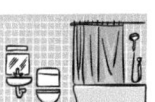

ubwogero
bafu

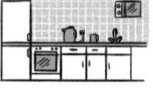

igikoni
jikoni

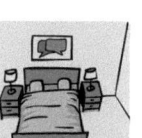

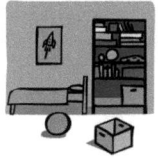

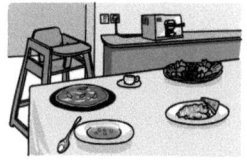

icumba co kuraramo
chumba cha kulala

icumba c' umwana
chumba ya mtoto

uburiro
chumba cha kulia

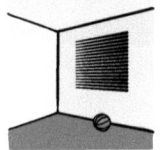

hasi

sakafu

uruhome

ukuta

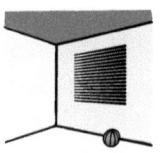

igisenge c' inzu

dari

kave

pishi

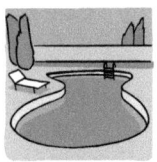

sauna

sauna

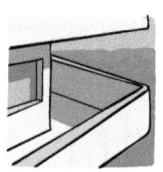

ibaraza

roshani

ibaraza

mtaro

aho bogera

kidimbwi

itondezi

mashine ya kukata nyasi

igikaratasi

karatasi

uburengeti

kitambaa cha kupamba
kitanda

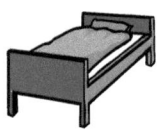

uburiri

kitanda

umweyerezo

ufagio

indobo

ndoo

akabuto

kubadili

isaro

sebuleni

igisharizo
mandhari
isanamu
picha
itara
taa
akabati
rafu
akabati
kabati
imboneshakure
televisheni/runinga
igicaniro
mekoni
ishugwe
ua
umusagamiro
mto
ifoteyi
sofa
ivaze
chombo cha maua
terekomande
kitenzambali

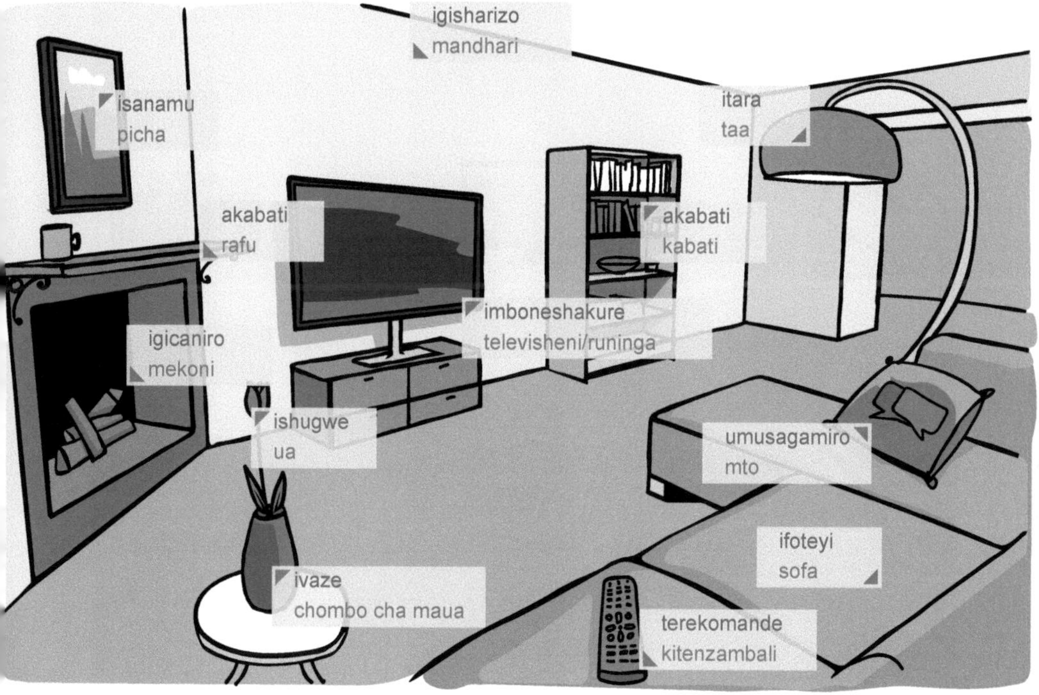

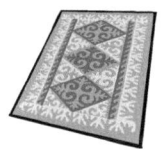

itapi

zulia

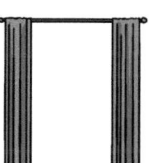

irido

pazia

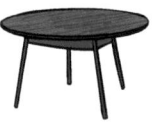

ameza

meza

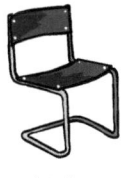

intebe

kiti

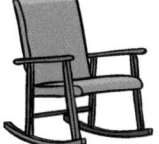

intebe icundera

kiti cha bembea

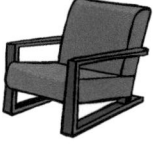

ifoteyi

armchair

igitabo

kitabu

ikirengeti

blanketi

ibitako

mapambo

inkwi

kuni

ireresi

filamu

ivyuma vy' umuziki

kifaa cha hi-fi

urufunguruzo

ufunguo

ikinyamakuru

gazeti

gusiga amarangi

uchoraji

isanamu nini

bango

insamirizi

redio

ikaye ndangaminsi

daftari

asipirateri

kifyonza

icimera bita cactus

dungusi kakati

ibuji

mshumaa

igikoni
jikoni

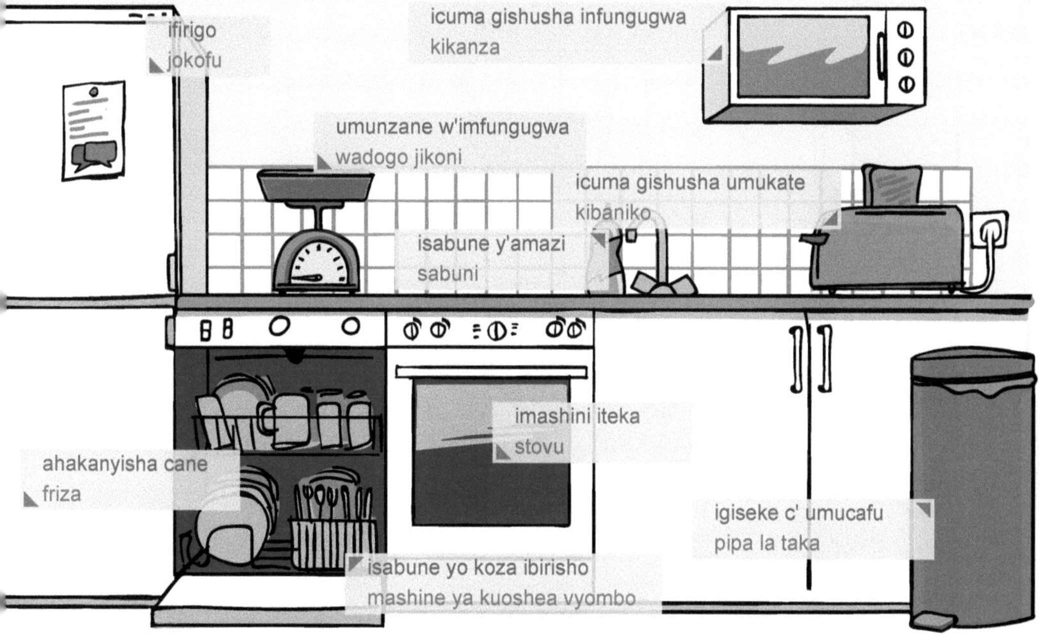

ifirigo
jokofu
icuma gishusha infungugwa
kikanza
umunzane w'imfungugwa
wadogo jikoni
icuma gishusha umukate
kibaniko
isabune y'amazi
sabuni
imashini iteka
stovu
ahakanyisha cane
friza
igiseke c' umucafu
pipa la taka
isabune yo koza ibirisho
mashine ya kuoshea vyombo

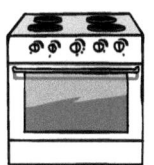

ishiga
jiko la kupika

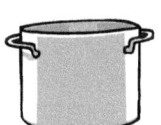

isafuriya
chungu

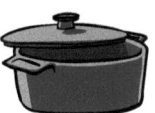

isafuriya y' icuma
sufuria ya chuma

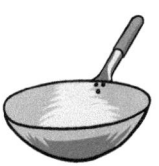

ipanu bita wok
wok / kadai

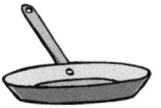

ipanu
kaango

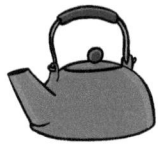

akuma gashusha amazi
birika

isafuriya itekesha umuhisha

stima

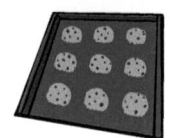

ico bakorerako imikate

sinia ya kuoka

ibirisho

vyombo vya udongo

igikombe

kombe

ibakure

bakuli

uduti two kurisha

vijiti vya kulia

icaruzo c' isupu

ukawa

ikimamiro

mwiko mpana

agakubitisho

burashi

imashini isya ibifungurwa

kichujio

akayunguruzo

chujio

agakatakata imfungugwa

mbuzi

agasekuro

chokaa

icokerezo

barbeque

urucaniro

moto wazi

urubaho rwo gukatirako

ubao wa majaribio

akabaho bakoresha spageti

kijiti cha kusukuma unga

urupfunguzo rw'umuvinyu

kizibuo

agasandugu

kopo

urupfunguzo
rw'agasandugu
inaweza kopo

ivyo gufatisha isafuriya
ishushe

kishikio cha chungu

icogerezo

karo

uburoso

brashi

ivyogesho

sifongo

imigiseri

kisagaji matunda

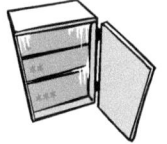

frigo nini ikanyisha cane

friji ya kina

bibero

chupa ya mtoto

ivomo

bomba

ubwogero
bafu

kwoga
mfereji wa kuogea
imashini ishusha mu nzu
joto
isume
taulo
rido yo muri dushe
pazia la kuogea
koga mu mazi arimwo ifuro ryinshi
maji ya kuoga yenye povu
benywari
hodhi
ikirahuri
glasi
imashini imesura
mashine ya kuosha
ivomo
bomba
amategura
vigae
agasafuriya
poti
icogerezo
karo

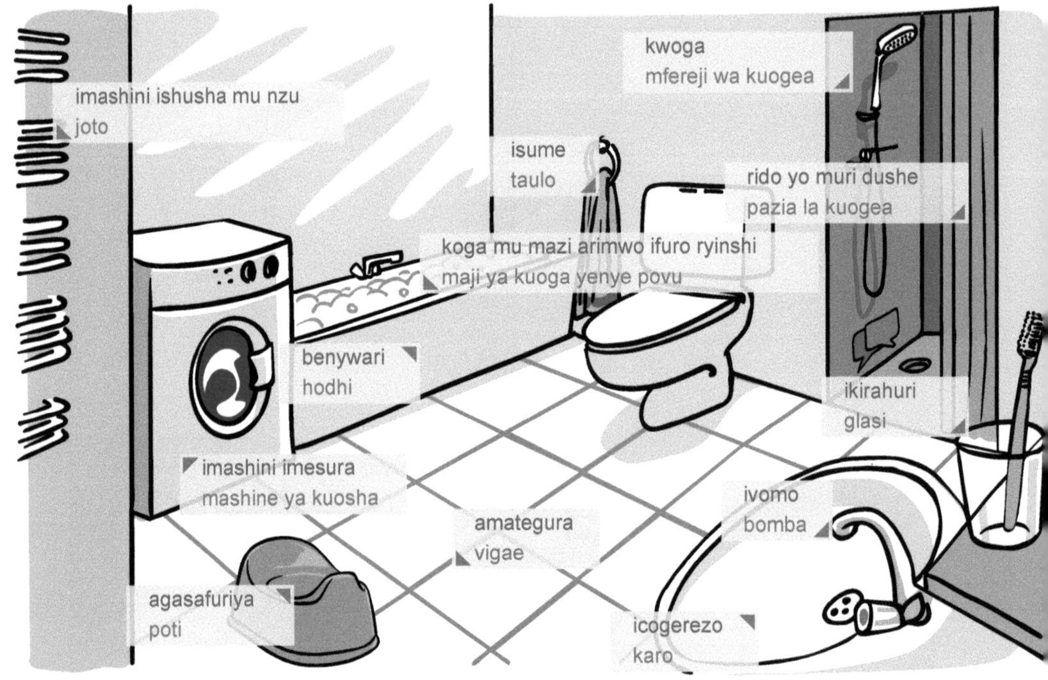

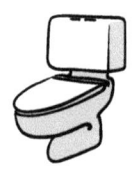

Akazu ka surwumwe

choo

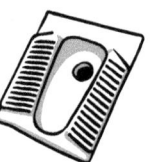

akazu ka surwumwe k'ikirundi

choo cha squat

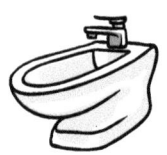

akantu gatoya bogeraho

beseni la mviringo

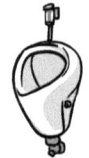

aho basoba

choo cha umma

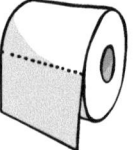

ibikaratase vyo kwi sukuza mu nzu ya surwumwe

shashi

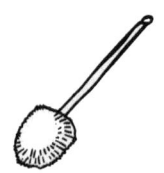

uburoso bwoza akazu ka surwumwe

brashi ya choo

umujigiti

mswaki

umuti wo koza amenyo

dawa ya meno

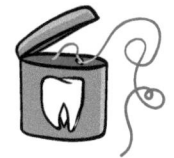

utugozi two gusukura amenyo

dawa ya meno

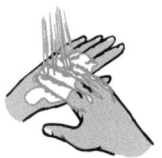

koza

safisha

ikinyuko

kuoga mkono

ubwoko bwa dushe

msukumo wa maji

ico bakarabiramo intoki

bonde

uburoso busukura mu mugongo

mpako wa pili

isabune

sabuni

isabuni yo kwoga

jeli ya kuogea

shampo

shampuu

agatambara ko kwisukura

flana

umuringoti

toa maji

amavuta yo kwisiga

krimu

iparufe yo mu kwaha

kiondoa harufu

icirore

kioo

icirore

kioo mkono

imashini imwa ubwanwa

kinyozi

ifuro ryo kumwa ubwanwa

povu la kunyoa

umuti basiga aho bamoye

baada ya kunyoa

igisokozo

kichana

uburoso

brashi

akuma kumutsa umushatsi

kikausha nywele

amavuta bapuriza mu mushatsi

marashi ya nyewele

ibikoresho vyo kwipodora

vipodozi

amavuta afise ibara yo k'umunywa

kidomwa

verni y'inzara

varnish ya msumari

ipampa

pamba

umukasi uca inzara

mkasi wa kucha

iparufe

manukato

40   ubwogero - bafu

agasaho k' ivyo kwisukura
ku rugendo

mkoba wa kuosha

agatebe

kinyesi

umunzane

mizani

penywari

nguo ya kuoga

udufuko tw' intoke iyo
bakora isuku

glavu za mpira

kotegisi

kisodo

kotegisi

sodo

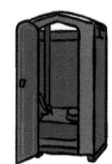

ubwoko bw'akazu ka
surwumwe

kemikali choo

icumba c' umwana
chumba ya mtoto

isaha ivyura
saa ya kengele
agakoko k' agapupe
kidoli cha kupakata
ikijuwe c' umuduga
gari bandia
ikijuwe c' ibibondo bita hochet
kelele
inzu badandaza amapupe
chumba cha midoli
akaganuke
sasa

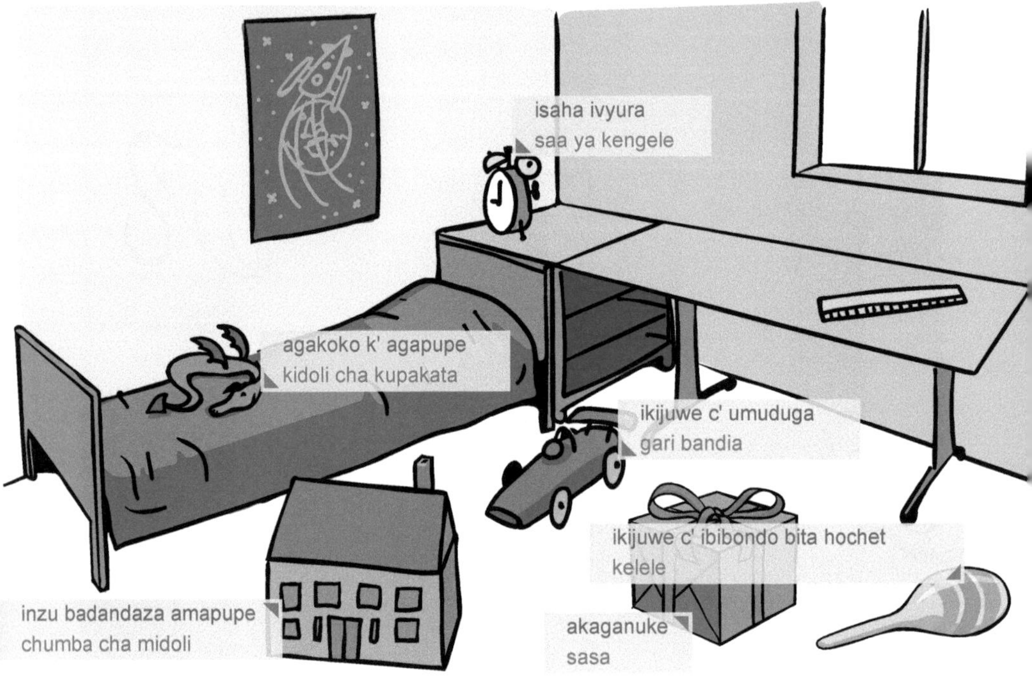

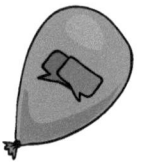

igipurizo

baluni

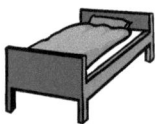

uburiri

kitanda

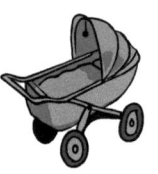

mashua

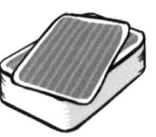

urukino rw' ikarata

staha ya kadi

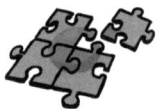

urukino bita puzile

mchezo-fumb

SUPER MEGA

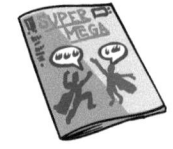

ibitabo vy' amashusho

vichekesho

urukino bita lego

matofali lego

ibijuwe vyo kubaka

vitalu mwigo

ipupe

hatua takwimu

impuzu yo kurarana y abana

suti ya kulalia

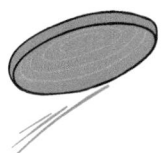

urukino bita frisbi

kisahani

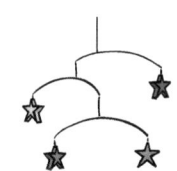

udukinisho two ku buriri bw' ibibondo

simu

urukino rwo kumeza

ubao wa michezo

agakinisho bita de

kete

gari ya moshi z' ibikinisho

garimoshi mwigo

madanganya

dummy

umunsi mukuru

chama

igitabo c' ibicapo

picha kitabu

umupira

mpira

igipupe

kikaragosi

gukina

kucheza

umusenyi abana
bakiniramwo

shimo la mchanga

uruvuma

bembea

ikijuwe

vitu bandia

urukino nyabwonko

kiweko cha video ya
mchezo

ikinga ry'amapine atatu

baiskeli ya magurudumu

matatu

igikoko bita ours c 'ikijuwe

mwanasesere

akabati k' impuzu

kabati

impuzu

nguo

amashesheti

soksi

amashesheti maremare

stokingi

ubwoko bw'impuzu zifata
kandi zigaruka cane

kibano

furari
skafu

umwumvuri
mwavuli

umusipi
ukanda

agapira kadafise amabo
fulana

ibirato biduga kumurundi
viatu

ibirato vyo mu nzu
ndara

ibirato vya tenis
wakufunzi

isandari
malapa

ibirato
viatu

ingamiya
mabuti ya mpira

imwesho
suruali ya ndani

isutiye
sidiria

isengeri
fulana

impuzu z' imbere

mwili

ipantaro

suruali

ijinisi

dangirizi

ijipo

sketi

agashati koroshe kabagore

blauzi

ishati

shati

umupira w' imbeho

vuta

umupira w'imbeho ufise inkofero

sweta

blazeri

bleza

ikoti

jaketi

ikoti rirerire

koti

ikoti y'imvura

koti la mvua

kositime

maleba

ikanzu

gauni

ikazu y'umugeni

mavazi ya harusi

kositime
suti

ikanzu yo kurarana
vazi la usiku

impuzu z' ijoro
pajama

imvutano z'abahindi
sari

igitambara co mu mutwe
skafu

igitambara co mu mutwe
bita turban
kilemba

impuzu z' abasiramukazi
burka

ikanzu bita kaftan
kaftan

impuzu y' abasiramu
abaya

impuzu yo kogana
vazi la kuogelea

impuzu yo kwogana
y'abagabo
vazi la kiume la kuogelea

imwesho
kaptura

itereningi
teitei

itaburiya
aproni

udufuko tw' intoke
glavu

igifungo

kifungo

amarori

glasi

igikomo

bangili

akadede

mkufu

impeta

pete

ihereni

herini

inkofero

kofia

porutemanto

kiango cha koti

inkofero

kofia

karavate

tai

imashini

zipu

inkofero yo kwikingira

kofia

imisipi

kanda za suruali

impuzu y' ishure

sare za shule

umwambaro rusangi
w'ahantu

sare

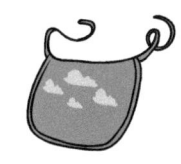

utwo bambika ibibondo iyo birya

bibu

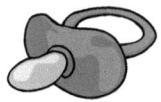

madanganya

dummy

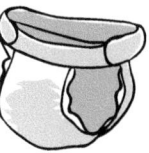

iranje

nepi

ibiro
ofisi

seriveri
seva
akabati k' ivyangombwa
kabati la kuweka faili
empirimante
kichapishaji
urukaratasi
karatasi
ekra
kiwambo
suri
kipanya
ameza yo kwandikirako
dawati
ico bashiramwo ivyangombwa
folda
karaviye
kibodi
seke bajugunyamo amakaratasi
pu cha kuweka karatasi chafu
nyabwonko
kompyuta
intebe
kiti

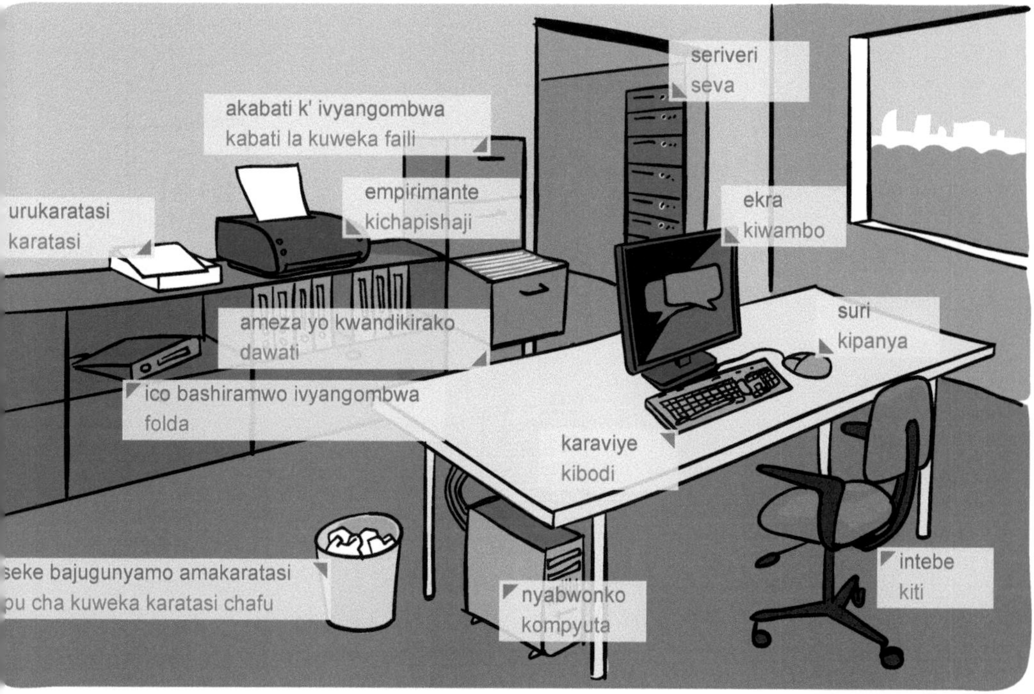

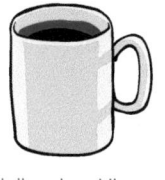

igikombe c' ikawa

kmobe la kahawa

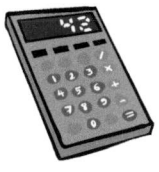

imashini iharura

kikokotoo

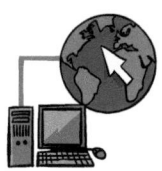

ubuhinga ngurukanabumenyi

biashara

inyabwonko ngendanwa

mbali

ikete

barua

ubutumwa

ujumbe

telefoni ngendanwa

rununu

rezo

intaneti

fotokopiyeze

fotokopia

rojisiyeri

programu

telefoni

simu

purize

soketi

fagisi

kipepesi

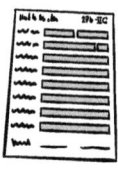

urukaratasi rwo kuzuza

fomu

icangombwa

hati

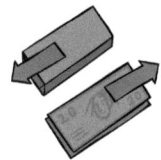

kugura
....
kununua

kuriha
....
kulipa

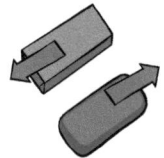

kudandaza
....
biashara

amahera
....
fedha

idorari
....
dola

iyero
....
yuro

iyene
....
yeni

amahera y' abarusiya
....
rouble

amahera y' abasuwisi
....
faranga ya Uswisi

amahera bita renmimbi
yuan
....
renminbi yuan

amahera bita rupi
....
rupia

icuma gitanga amahera
....
eneo la kulipia

ku bavunjayi

ofisi ya ubadilishanaji

inzahabu

dhahabu

umujumbu

fedha

ipeteroli

mafuta

inguvu

nishati

ikiguzi

bei

amasezerano

mkataba

amakori

kodi

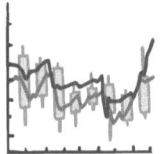

igice

bidhaa

gukora

kazi

umukozi

mfanyakazi

umukoresha

mwajiri

ihinguriro

kiwanda

akaduka

duka

umupolisi
afisa wa polisi

umukozi ajejwe kuzimya umuriro
mzimamoto

umuboyi
mpishi

umuganga
daktari

umudereva w' indege
rubani

umukozi akora murikarima

mtunza bustani

umubaji

seremala

umushonyi

mshonaji

umucamanza

hakimu

umuhinga mu vya chimie

mwanakemia

umukinyi w'amareresi

muigizaji

umudereva w' ibisi

dereva wa basi

umudereva w' itagisi

dereva wa teksi

umurovyi

mvuvi

umuzezwanzukazi

mwanamke wa kusafisha

sharupantiye

mwezekaji

umukozi wo muburiro n'ubunywero

mhudumu

umuhigi

mwindaji

umufundi w' amarangi

mchoraji

umuntu akora imikate

mwokaji

umufundi w' amatara

umeme

umwubatsi

mjenzi

enjeniyeri

mhandisi

umuyangayanga

mchinjaji

umufundi w' amazi

fundi bomba

umuparanto

mwanaposta

umusoda
....
mwanajeshi

umuntu acapa inyubako
....
msanifu majengo

umuntu yakira amahera
....
keshia

umukozi ajejwe amashugwe
....
muuza maua

kimyozi
....
msusi

kontororeri
....
kondakta

umufundi w' imiduga
....
mekanika

umudereva w' ubwato
....
nahodha

umuganga w' amenyo
....
daktari wa meno

umuhinga mu vya siyansi
....
mwanasayansi

umuhinga mu bayahudi bita
rabi
....
rabbi

imame
....
imamu

umuvugiramana
....
mtawa

umuvugiramana
....
kasisi

ibikoresho vy' ubwubatsi

zana

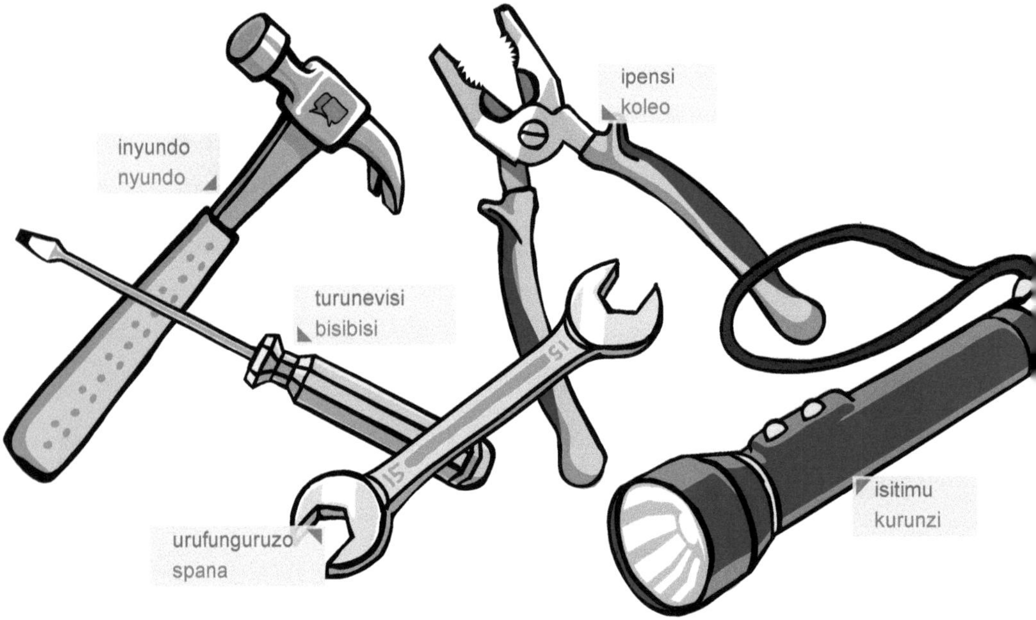

ipensi
koleo
inyundo
nyundo
turunevisi
bisibisi
isitimu
kurunzi
urufunguruzo
spana

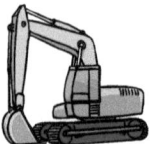

tingatinga

mchimbaji

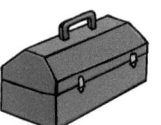

isaho y' ibikoresho

sanduku la vifaa

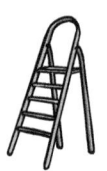

ingazi

ngazi

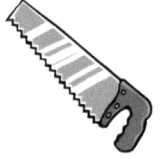

umusumeno

msumeno

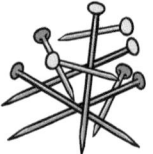

imisumari

misumari

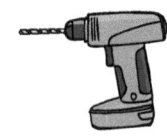

icuma bita foreuse

kuchimba visima

gukora
kukarabati

igipawa
sepetu

asyi!
Lo!

agaterura umucafu
kishikio cha uchafu

indobo y' irangi
chungu cha rangi

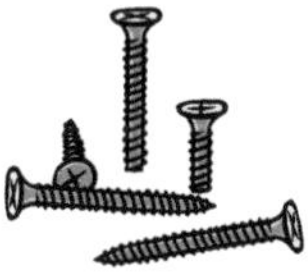

ivis
skurubu

ivyuma vyo gucuraranga

ala za muziki

icuma ca musika bita batterie
mpangilio wa ngoma

icuma bita Haut parleur
spika

icuma ca musika bita contrebasse
besi mara mbili

icuma ca musika bita trompette
tarumbeta

igitari
gita

icuma ca musika bita piano

piano

icuma ca musika bita violon

fidla

gitare icuranga Bass

ubeji

icuma ca musika bita timbale

timpani

ingoma

ngoma

icuma ca musika bita piano electrique

kibodi

icuma ca musika bita saxophone

saksafoni

umwirongi

filimbi

mikoro

maikrofoni

iratiro ry' ibikoko

bustani ya wanyama

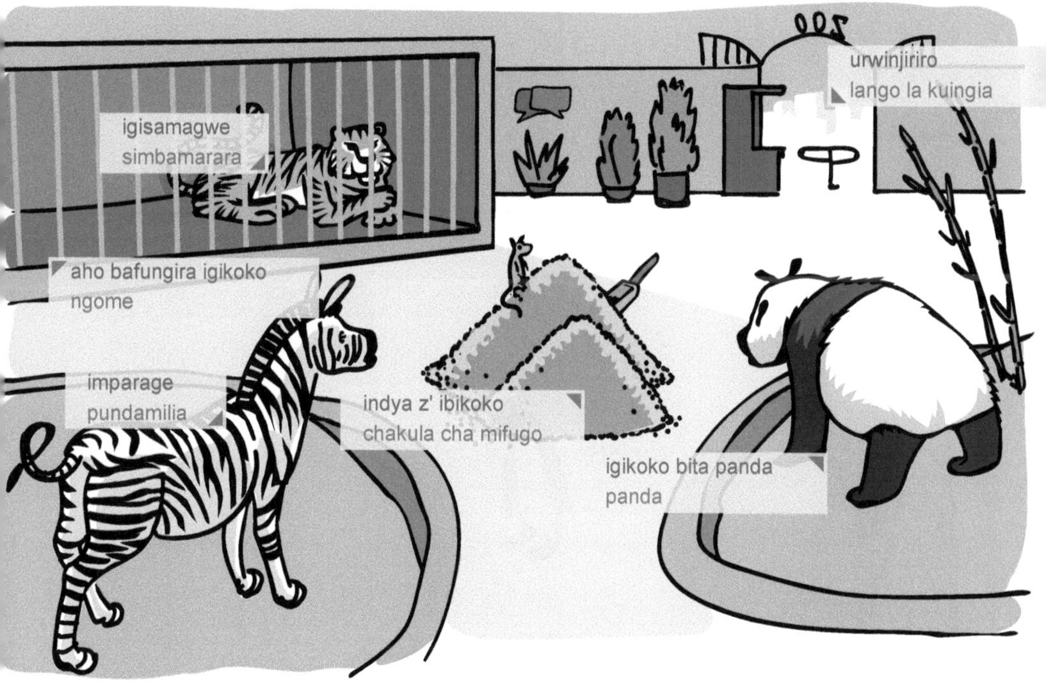

urwinjiriro
lango la kuingia
igisamagwe
simbamarara
aho bafungira igikoko
ngome
imparage
pundamilia
indya z' ibikoko
chakula cha mifugo
igikoko bita panda
panda

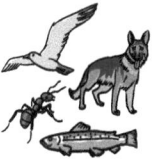

ibikoko

wanyama

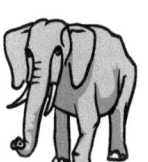

inzovu

tembo

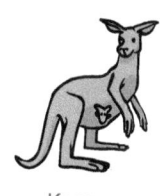

Kanguru

kangaruu

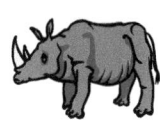

igikoko bita Rhynoceros

kifaru

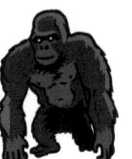

inguge

sokwe

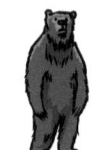

igikoko bita ours

dubu

ingamiya

ngamia

inyoni bita autriche

mbuni

intare

simba

inkende

tumbili

inyoni bita flamant rose

heroe

gasuku

kasuku

igikoko bita ours blanc

dubu

inyoni bita pinguin

penguini

ifi bita requin

papa

inyoni bita paon

tausi

inzoka

nyoka

ingona

mamba

umurinzi w' iratiro ry' ibikoko

mtunza wanyama

igikoko bita phoque

muhuri

igikoko bita jaguar

jaguar

ubwoko bw' ifarasi bita pony

mwanafarasi

ingwe

chui

imvubu

kiboko

umusumbarembo

twiga

agaca

tai

ingurube y' ishamba

nguruwe mwitu

ifi

samaki

akanyamasyo

kobe

igikoko bita morse

sili

imbwebwe

mbweha

ingeregere

paa

urukino rwa football yo muri amerika
soka ya marekani

ugusiganwa ku makinga
uendeshaji baiskeli

urukino rwa tennis
tenisi

urukino rwa basketball
mpira wa kikapu

koga
kuogelea

urukino rw' ingumu
ndondi

urukino rwa ice-hockey
magongo ya barafuni

umupira w'amaguru
soka

urukino rwa badminton
vinyoya

ubunonotsi
riadha

urukino rwa handball
mpira wa mikono

urukino rwa ski
skii

urukino rwa Polo
polo

imirimo
shughuli

gusimba
kuruka
kugumbirana
kumbatia
gutwenga
cheka
kugenda
kutembea
kuririmba
kuimba
kurota
ota ndoto
gusenga
kuomba
gusoma
busu

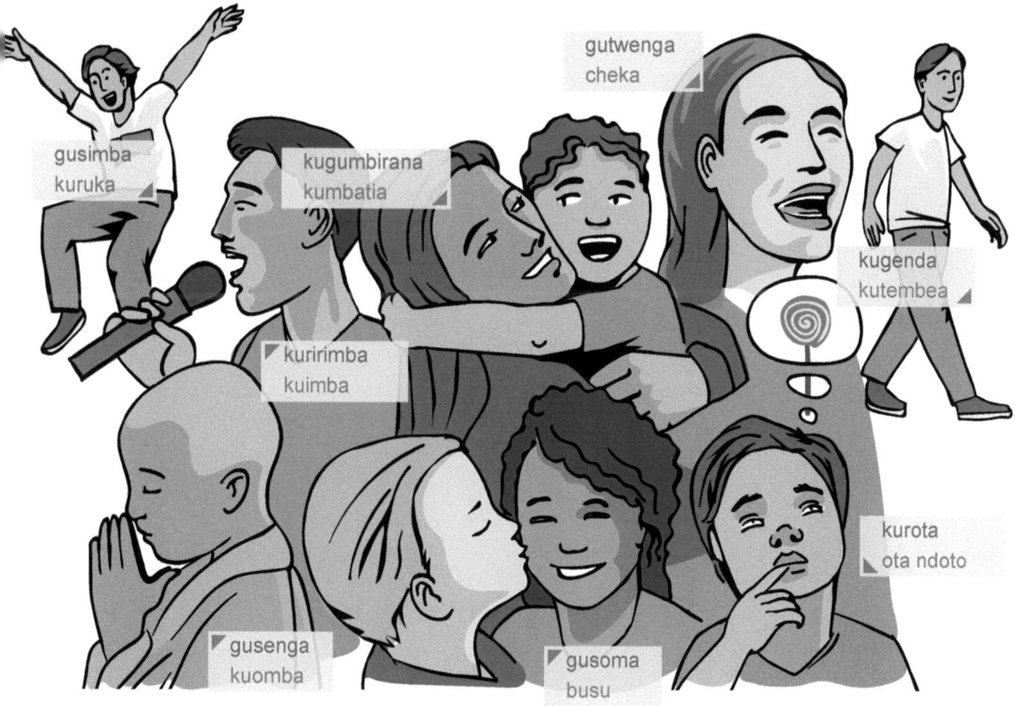

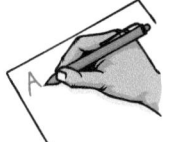

kwandika
kuandika

gucapa
kuteka

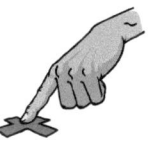

kwereka
angalia

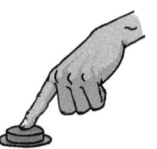

gusuguma
sukuma

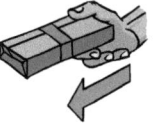

gutanga
kutoa

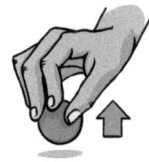

gutora
kuchukua

kugira

kuwa

kugira

fanya

kuba

kuwa

guhagarara

kusimama

kwiruka

kukimbia

gukwega

vuta

guta

kutupa

gutemba

kuanguka

kurambarara hasi

hadaa

kurindira

kusubiri

gutwara

kubeba

kwicara

kukaa

kwambara

vaa nguo

kuryama

usingizi

kuvyuka

kuamka

kuraba

kuangalia

kurira

lia

kwagaza

kiharusi

gusokoza

chana nywele

kuvuga

ongea

gutahura

kuelewa

kubaza

kuuliza

kumviriza

kusikiliza

kunywa

kunywa

gufungura

kula

gutondeka

nadhifisha

gukunda

upendo

guteka

mpishi

gutwara

gari

kuguruka

kuruka

kugira siporo bita voile

meli

guharura

kokotoa

gusoma

kusoma

kwiga

kujifunza

gukora

kazi

kurongora

kuoa

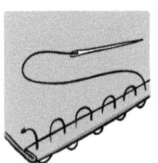

gushona

kushona

kwijigitura

piga mswaki

kwica

kuua

kunywa itabi

moshi

kurungika

kutuma

umuryango
familia

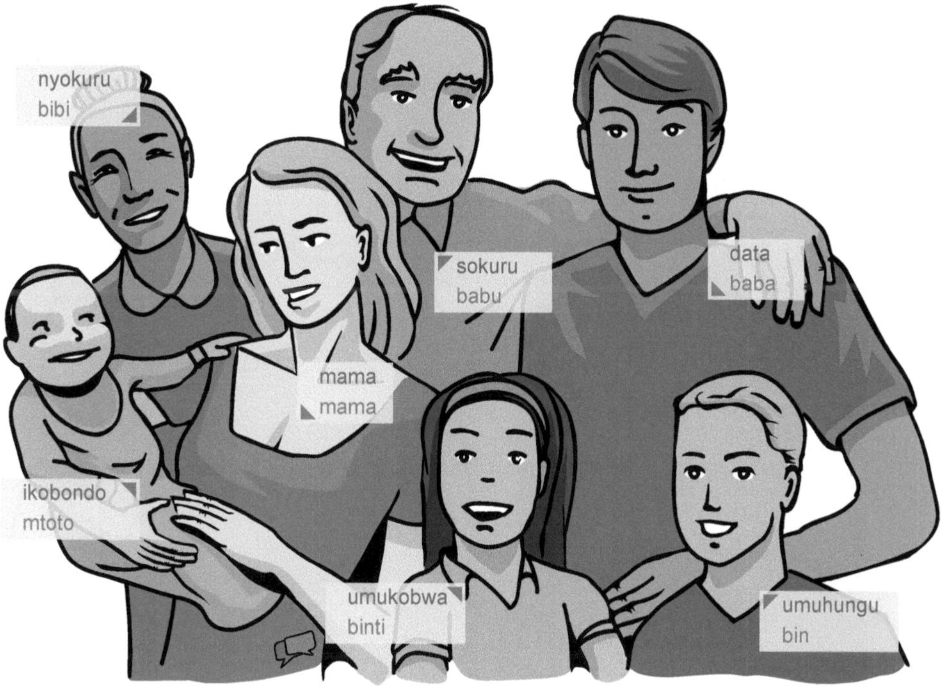

nyokuru
bibi
sokuru
babu
data
baba
mama
mama
ikobondo
mtoto
umukobwa
binti
umuhungu
bin

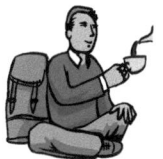

umushitsi

mgeni

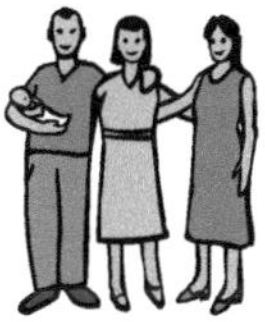

masenge

shangazi

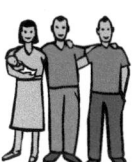

marume

mjomba

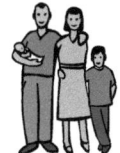

musaza w' umuntu

kaka

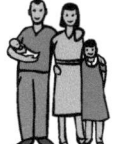

mushiki w' umuntu

dada

umubiri

mwili

agahanga
paji la uso
ijisho
jicho
urutugu
bega
urutoki
kidole
isura
uso
agasakanwa
kidevu
ikiganza
mkono
ukuguru
mguu
agatuntu
matiti
ukuboko
mkono

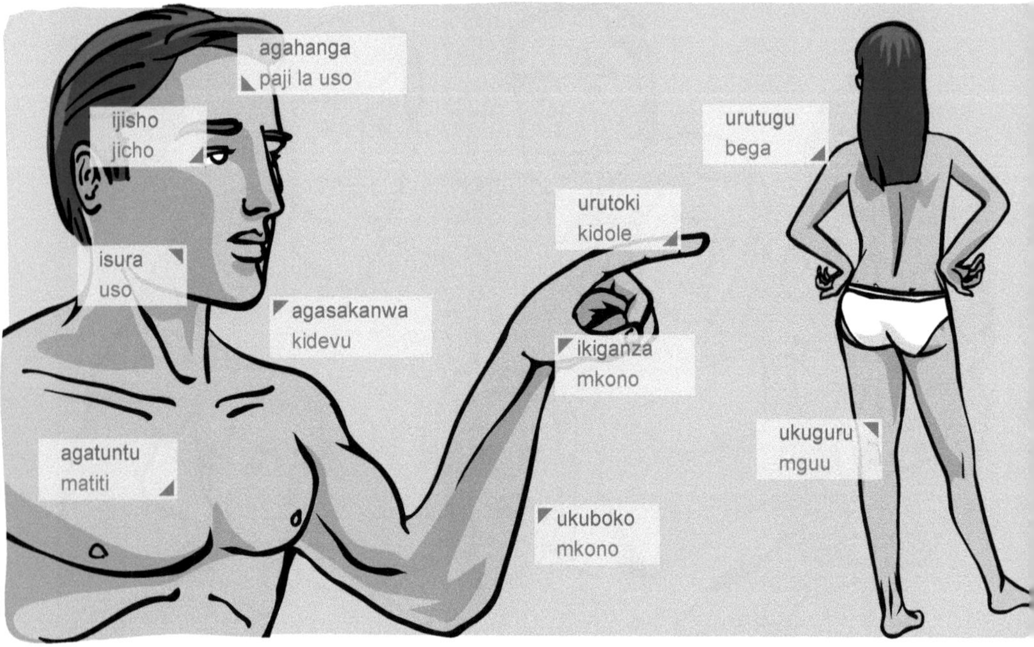

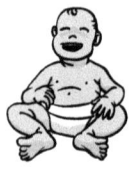

ikobondo

mtoto

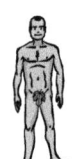

umugabo

mwanamume

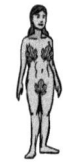

umugore

mwanamke

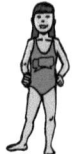

umwigeme

msichana

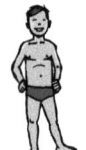

umuhungu

mvulana

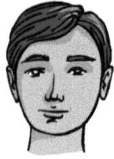

umutwe

kichwa

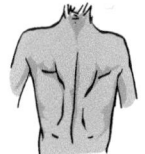

umugongo

nyuma

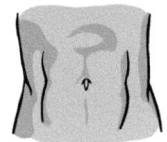

inda

tumbo

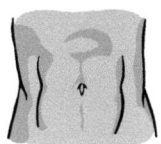

umukondo

kitovu

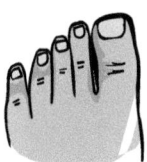

ino

chano

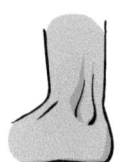

agatsintsiri

kisigino

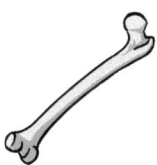

igufa

mfupa

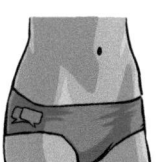

ku mafyigo

nyonga

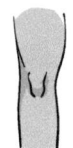

ivi

goti

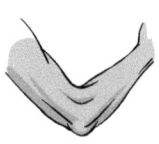

inkokora

kiwiko

izuru

pua

igisusu

chini

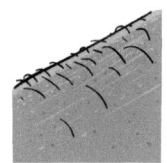

urukoba

ngozi

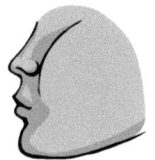

itama

shavu

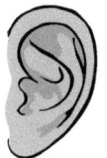

ugutwi

sikio

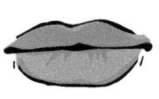

umunwa

mdomo

umunwa

kinywa

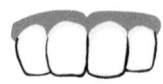

iryinyo

jino

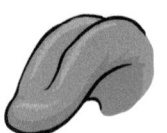

ururimi

ulimi

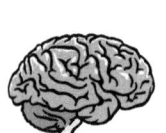

ubwonko

ubongo

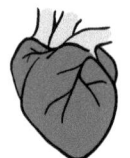

umutima

moyo

umutsi

misuli

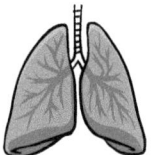

ihaha

pafu

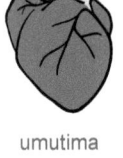

igitigu

ini

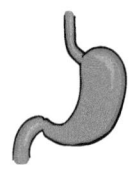

umushishito

tumbo

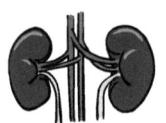

amafyigo

figo

kurangura amabanga
y'abubatse

jinsia

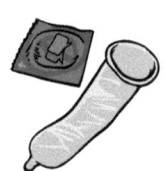

agapfuko

kondomu

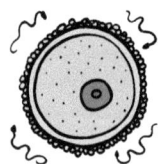

imbuto y' umugore

ovari

imbuto y'umugabo

shahawa

imbanyi

mimba

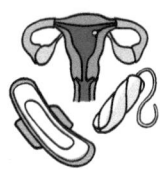

kuja mu kwezi

hedhi

igituba

uke

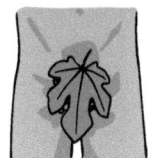

imboro

uume

ingohe

unyusi

umushatsi

nywele

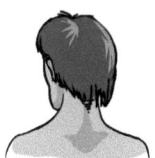

izosi

shingo

ibitaro
hospitali

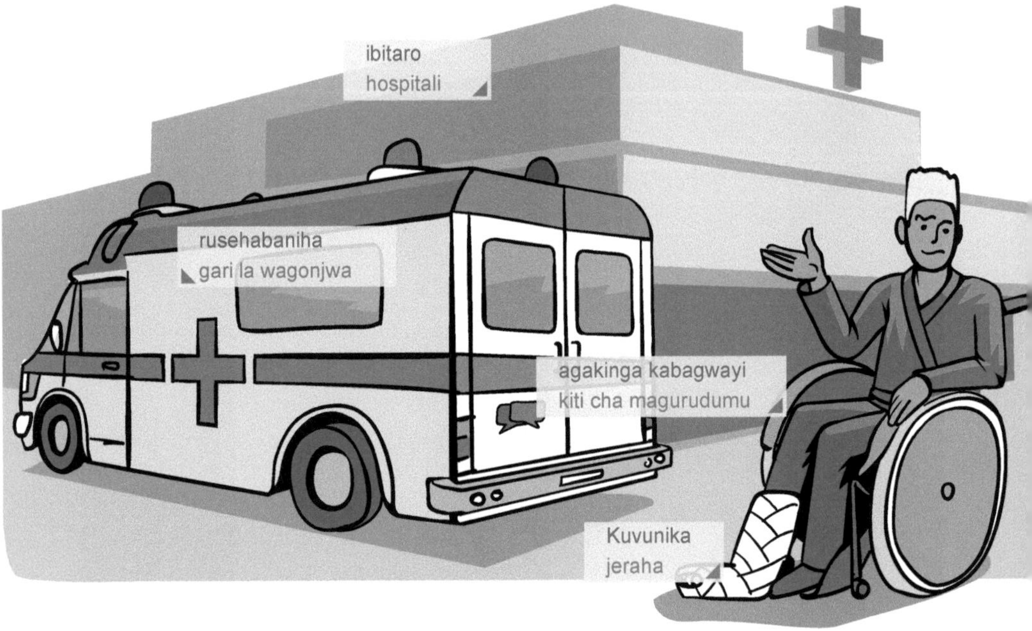

ibitaro
hospitali
rusehabaniha
gari la wagonjwa
agakinga kabagwayi
kiti cha magurudumu
Kuvunika
jeraha

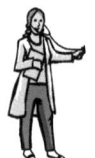

umuganga
daktari

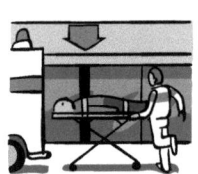

mundembe
chumba cha dharura

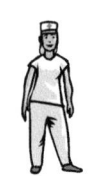

umuforomokazi
muuguzi

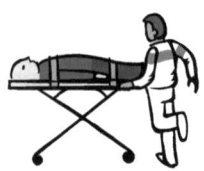

irijanse
dharura

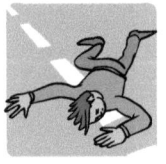

guta ubwenge
kupoteza fahamu

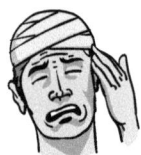

ububabare
maumivu

igikomere

kuumia

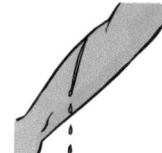

kuva amaraso

kutokwa na damu

uguhagarara k' umutima

mshtuko wa moyo

kuvira indani

kiharusi

guhurirwa

mzio

inkorora

kikohozi

ubushuhe bw'umubiri

homa

giripe

mafua

gucibwamwo

kuharisha

kumeneka umutwe

maumivu ya kichwa

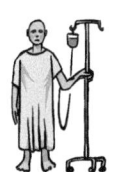

Kanseri

kansa

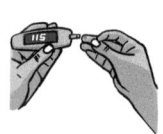

Diyabeti

ugonjwa wa kisukari

muganga ajejwe kubaga

daktari mpasuaji

akuma ka muganga ubaga

kisu kidogo cha kupasulia

kubagwa

operesheni

sikaneri

picha changanufu ya mwili

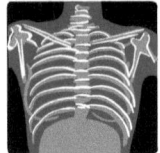

radiyografi

Eksrei

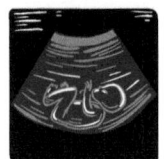

ekografi

mawimbi sauti

masike

barakoa ya uso

indwara

ugonjwa

aho kurindirira

chumba cha kusubiri

icishimikizo

mkongojo

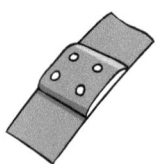

gufuka igikomere

plasta

gufuka igikomere

bendeji

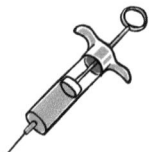

gutera urushinge

sindano

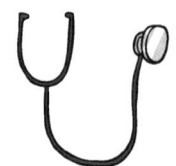

icuma cumviriza amahaha n'umutima

stetoskopu

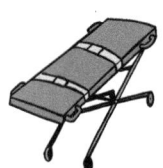

ingovyi

machela

igipima umuriro w' umubiri

kipimajoto cha kliniki

kuvuka

kuzaliwa

umuvyibuho urengeje

unene kupita kiasi

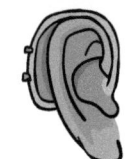

igifasha umuntu kumva neza
kusikia misaada

imiti y' ibikomere
kipukusi

kwandura
maambukizi

umugera
virusi

umugera wa sida
VVU / UKIMWI

ubuvuzi
dawa

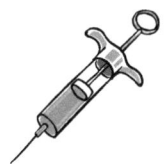

guhabwa urucanco
chanjo

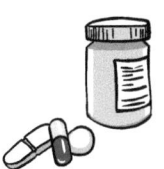

ibinini
vidonge

ikinini mbonezamvyaro
kidonge

telefone itabaza
simu ya dharura

igipima umuvuduko w' amaraso
haemodainamometa

arwaye / akomeye
mgonjwa / mwenye afya

muntabare!

Msaada!

ikengere

kengele

igitero

pigo

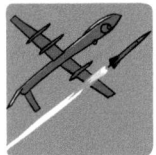

igitero

shambulizi

ibihe bikomeye

hatari

icanzo

lango la dharura

umuriro!

Moto!

ikizimyamwoto

kizima moto

isanganya

ajali

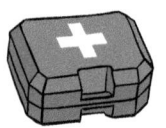

isanduku y' ubutabazi

vifaa vya huduma ya kwanza

ubutabazi

wito wa msaada

igipolisi

polisi

Buraya

Ulaya

Uburaruko bw' amerika

Amerika ya Kaskazini

Ubumanuko bw' amerika

Amerika ya Kusini

Afurika

Afrika

Aziya

Asia

Ositarariya

Australia

ibahari y' Antalantika

Atlantiki

ibahari ya Pasifika

Pasifiki

ibahari y' Ubuhinde

Bahari ya Hindi

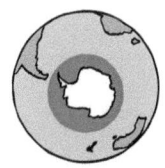

ibahari y' Antaragitika

Bahari ya Antaktiki

ibahari y' Aragitika

Bahari ya Aktiki

Uburaruko bw' umubumbe
w' isi

Ncha ya Kaskazini

Ubumanuko bw' umubumbe
w' isi
....
Ncha ya Kusini

antaragitika
....
Antaktika

isi
....
dunia

isi
....
nchi

ibahari
....
bahari

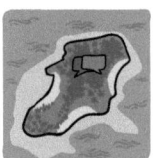

izinga
....
kisiwa

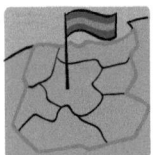

igihugu
....
taifa

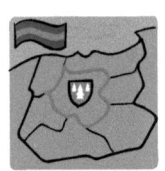

reta
....
jimbo

aho barabira isaha

uso wa saa

urushinge rw' amasaha

akrabu ya saa

urushinge rw' iminota

akrabu ya dakika

urushinge rw' amasegonda

akrabu ya sekunde

ni gihe ki?

Ni saa ngapi?

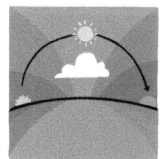

umunsi

siku

igihe

wakati

ubu nyene

sasa

isaha ya electronique

saa ya dijitali

umunota

dakika

isaha

saa

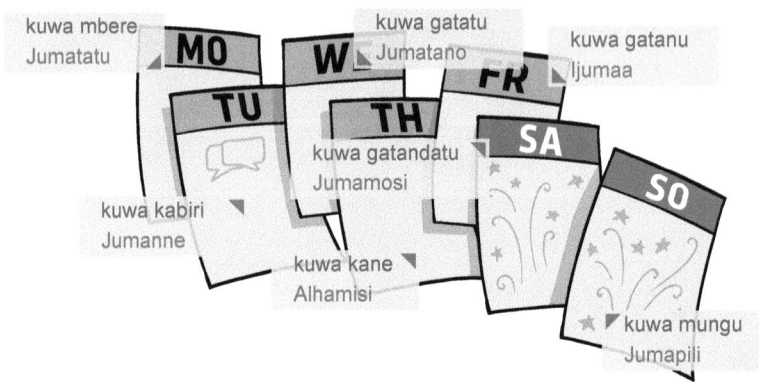

kuwa mbere
Jumatatu

kuwa gatatu
Jumatano

kuwa gatanu
Ijumaa

kuwa kabiri
Jumanne

kuwa kane
Alhamisi

kuwa gatandatu
Jumamosi

kuwa mungu
Jumapili

ejo haheze

jana

ubunyene

leo

ejo hazoza

kesho

mu gatondo

asubuhi

sasita

saa sita mchana

ku mugoroba

jioni

MO	TU	WE	TH	FR	SA	SU
1	2	3	4	5	6	7
8	9	10	11	12	13	14
15	16	17	18	19	20	21
22	23	24	25	26	27	28
29	30	31	1	2	3	4

iminsi y' ibikorwa

siku za biashara

MO	TU	WE	TH	FR	SA	SU
1	2	3	4	5	6	7
8	9	10	11	12	13	14
15	16	17	18	19	20	21
22	23	24	25	26	27	28
29	30	31	1	2	3	4

weekende

mwishoni mwa wiki

umwaka

mwaka

imvura
mvua
umunywamazi
upinde wa mvua
umuyaga
upepo
urubura
theluji
igihe c' umwaka bita printemps
majira ya machipuko
igihe c' umwaka bita Automne
vuli
ici
kiangazi
igihe c' umwaka bita hiver
majira ya baridi

4.APRIL 11°
5.APRIL 4°
6.APRIL 13°
7.APRIL 8°
8.APRIL 10°

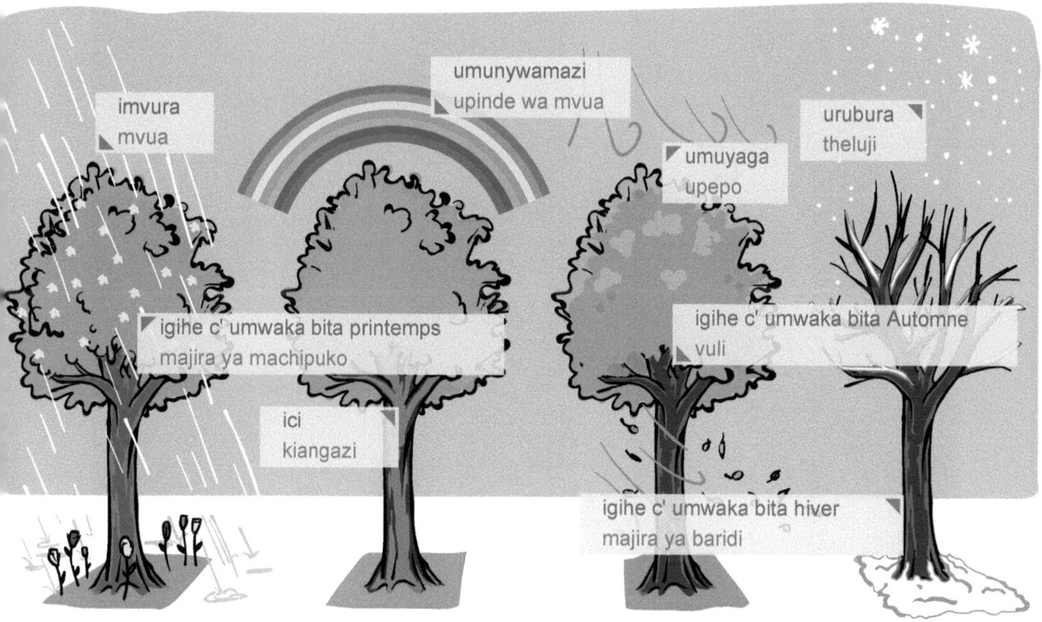

ikirangabihe

utabiri wa hali ya hewa

F C
120 40
90 30
60 20
30 10
0 0
-30 -10
-20

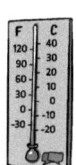

igipima ubushuhe bw' umubiri

kipimajoto

ubuseruko bw' izuba

mwanga wa jua

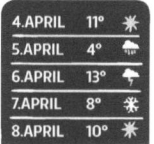

igicu

wingu

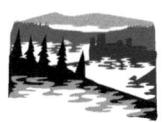

igipfungu

ukungu

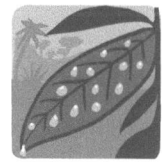

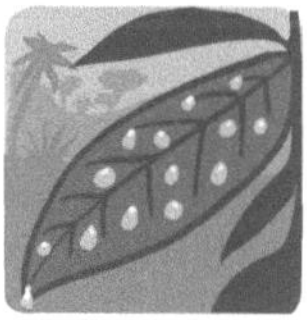

ifira

unyevu

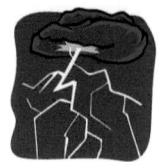

umuravyo

umeme

inkuba

radi

igihuhusi

dhoruba

urubura

mvua ya mawe

igihuhusi bita mousson

monsuni

umwuzure

mafuriko

ibarafu

barafu

nzero

Januari

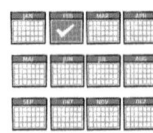

ruhuhuma

Februari

ntwarante

Machi

ndamukiza

Aprili

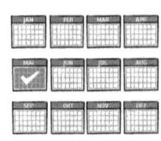

rusama

Mei

ruhenshi

Juni

mukakaro

Julai

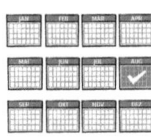

myandagaro

Agosti

82

umwaka - mwaka

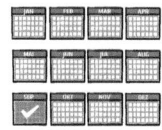

nyakanga
Septemba

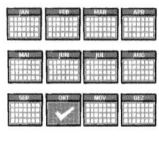

gitugutu
Oktoba

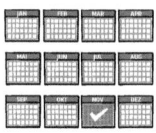

munyonyo
Novemba

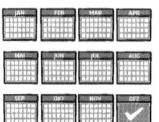

migarama
Desemba

forume geometrike
maumbo

umuzingi
mduara

ikwadarato
mraba

urikiramende
mstatili

inyabutatu
pembetatu

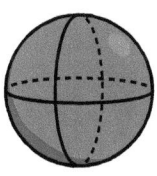

umubumbe
nyanja

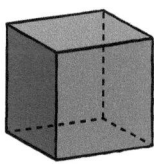

agasandugu
mchemraba

ibara ryera

nyeupe

ibara ry' umuhondo

manjano

ibara risa n' umucungwe

chungwa

ibara rya rose

rangi ya waridi

ibara ritukura

nyekundu

ibara rya mauve

hudhurungi

ibara ry' ubururu

bluu

ibara ry'icatsi kibisi

kijani

ibara ry' igihogo

hanja

ibara rya gris

jivujivu

ibara ryirabura

nyeusi

vyinshi / bikeyi

mengi / kidogo

washavuye / utekereje

hasira / pole

mwiza / mubi

nzuri / mbaya

intanguriro / iherezo

mwanzo / mwisho

kinini / gitoyi

kubwa / ndogo

gikeye / cijimye

angavu / giza

musaza w' umuntu / mushiki
w' umuntu

kaka / dada

gisukuye / gicafuye

safi / chafu

gikwiye / gicagatiye

kamilika / tokamilika

umunsi / ijoro

siku / usiku

wapfuye / ariho

wafu / hai

cagutse / caga

pana / nyembamba

kiryoshe / kibishe

kulika / kutolika

umutima mubi / umutima mwiza

ovu / ema

anezerewe / arambiwe

sisimkwa / udhika

kivyibushe / conze

nene / nyembamba

cambere / canyuma

kwanza / mwisho

umugenzi / umwansi

rafiki / adui

cuzuye / kiri gusa

jaa / tupu

kigumye / coroshe

ngumu / laini

kiremereye / gihwahutse

nzito / nyepesi

inzara / inyota

njaa / kiu

arwaye / akomeye

mgonjwa / mwenye afya

cemewe n'amategeko / kitemewe n'amategeko

haramu / kisheria

incabwenge / ikijuju

akili / kijinga

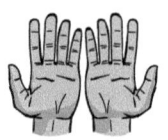

ibubamfu / iburyo

kushoto / kulia

hafi / kure

karibu / mbali

gishasha / gishaje

mpya / kutumika

ntaco / kiriho

kitu / jambo

umutama / urwaruka

zee / changa

kwatsa / kuzimya

waka / zima

kugurura / kugara

wazi / fungwa

gitekereje / gifise urwamo

utulivu / kelele

umutunzi / umukene

tajiri / masikini

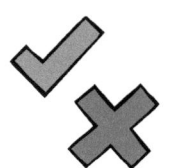

nivyo / sivyo

sahihi / kosa

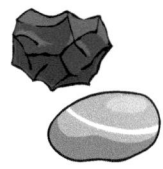

kigoramye / kigororotse

mbaya / laini

ashavuye / anezerewe

huzunika / furahia

kigufi / kirekire

fupi /ndefu

kigenda bukebuke /
kinyaruka

polepole / haraka

gitose / cumye

nyevu / kavu

gishushe buhoro / gikanye
buhoro

joto / baridi

intambara / amahoro

vita / amani

0	**1**	**2**
ubusa	rimwe	kabiri
sufuri	moja	mbili

3	**4**	**5**
gatatu	kane	gatanu
tatu	nne	tano

6	**7**	**8**
gatandatu	indwi	umunani
sita	saba	nane

9	**10**	**11**
icenda	cumi	cumi na rimwe
tisa	kumi	kumi na moja

12
cumi na kabiri
kumi na mbili

13
cumi na gatatu
kumi na tatu

14
cumi na kane
kumi na nne

15
cumi na gatanu
kumi na tano

16
cumi na gatandatu
kumi na sita

17
cumi n' indwi
kumi na saba

18
cumi n' umunani
kumi na nane

19
cumi n' icenda
kumi na tisa

20
mirongo ibiri
ishirini

100
ijana
mia

1.000
igihumbi
elfu

1.000.000
umuriyoni
milioni

Icongereza
Kiingereza

Icongereza co muri Amerika

Kiingereza cha Marekani

Mandare kivugwa mu bushinwa

Kimandarini cha Uchina

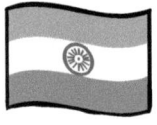

Igihinde
Kihindi

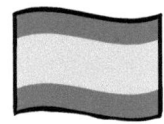

Ikispaniya
Kihispania

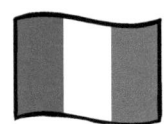

Igifaransa
Kifaransa

Icarabu
Kiarabu

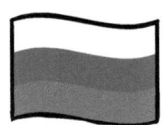

Ikirusiya
Kirusi

Igiporitigare
Kireno

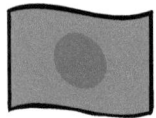

Ikibengare
Kibengali

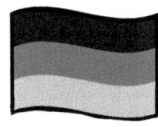

Ikidage
Kijerumani

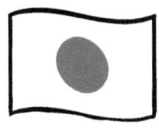

Ikiyapani
Kijapani

jewe

mimi

wewe

wewe

we / we / co

yeye / yeye / ni

twebwe

sisi

mwebwe

wewe

bo

wao

inde?

nani?

iki?

nini?

gute?

jinsi gani?

hehe?

wapi?

ryari?

lini?

izina

jina

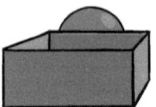

inyuma ya

nyuma

indani ya

katika

imbere ya

mbele ya

hejuru ya

juu ya

ku

kwenye

munsi ya

chini ya

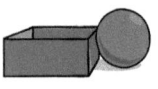

mu mbavu ya

kando

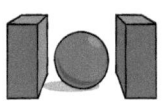

hagati ya

kati

ikibanza

mahali